DISSERTATION

SUR

LES PRINCIPES FONDAMENTAUX

DE L'ASSOCIATION HUMAINE.

Par J. B. MAUGRAS, ex Professeur de Philosophie en
l'Université de Paris.

A PARIS,

Chez les Marchands de Nouveautés.

AN IV.

» Ce qui rend et maintient florissant un État, ce n'est ni la force, ni la beauté des murailles, ni une grande multitude d'hommes rassemblés dans la même enceinte; mais l'excellence et la sagesse du Gouvernement. Le Gouvernement est pour une République ce que la raison est pour l'homme; il en est l'ame: lui seul fait trouver des ressources dans toutes les affaires, éloigne les disgraces, et fixe le bonheur. La félicité du peuple dépend de la bonté du régime politique. *Isocrate.* »

DISSERTATION

SUR

LES PRINCIPES FONDAMENTAUX

DE L'ASSOCIATION HUMAINE.

PARAGRAPHE PREMIER.

Dans un Etat politique qui garantit à chaque cioyen le droit de délibérer sur les intérêts communs, et de discuter tous les articles de la Législation nationale, il est indispensablement nécessaire de créer un esprit public, de former des mœurs nationales, de répandre la connaissance des vérités politiques et morales qui sont les bases immuables de toute administration sage et légitime.

Sans esprit public, l'homme concentré en lui-même, est dégradé par un vil égoisme; hors du cercle étroit de ses jouissances personnelles, tout est fade et indifférent; il ne sait pas sentir et apprécier le bonheur commun; l'amour de la Patrie, ce sentiment sublime qui crée les héros, n'est pour lui qu'une abstraction inconcevable.

Sans mœurs nationales, la liberté n'est qu'une licence effrennée; cette licence produit l'anarchie, et l'anarchie amène avec elle la ruine des Empires; la servitude est aux deux extrémités de la liberté publique.

A 2

Dédicace ouvrages politiques.

« Il en est de la liberté, dit Rousseau, comme de ces alimens solides et succulens, ou de ces vins généreux, propres à nourrir et fortifier les tempéramens robustes qui en ont l'habitude ; mais qui accablent, ruinent et enivrent les faibles et les délicats qui n'y sont pas faits. Si les peuples, accoutumés à des maîtres, tentent d'en secouer le joug, ils s'éloignent d'autant plus de la liberté, que, prenant pour elle une licence effrennée qui lui est opposée, leurs révolutions les livrent presque toujours à des séducteurs qui ne font qu'aggraver leurs chaînes. »

Sans la connaissance et la pratique des principes d'économie politique et de morale sociale, il ne peut y avoir d'unité et de stabilité dans la législation, parce que tous les citoyens qui y concourent, n'étant pas dirigés par des règles constantes et uniformes, n'agissent que par l'influence de l'intérêt propre, des passions individuelles, ou d'un faux enthousiasme toujours irréfléchi et toujours excessif dans ses impulsions. Alors chacun tire à soi la chose publique ; la souveraineté nationale se compose, dans son exercice, d'élémens discordans dont le choc ne peut manquer d'opérer un déchirement violent.

§ I. Pour créer l'esprit public, il faut attacher tous les citoyens au Gouvernement et à la Constitution par les liens de l'amour et de la reconnaissance : il faut que chaque citoyen voye dans la Constitution un ami bienfaisant qui lui procure les avantages de la subordination sociale, sans affaiblir la douceur de la liberté individuelle ; dans son Gouvernement, un protecteur puissant, juste et inflexible qui lui garantit une tran-

quillité inaltérable et une sécurité parfaite dans le
développement de ses facultés intellectuelles, dans
l'exercice honnête de son industrie, ou dans la possession de ses propriétés.

Pour créer des mœurs nationales, il faut faire naître
d'abord, et puis exalter dans chaque citoyen le sentiment de sa dignité personnelle : c'est dans l'énergie de
ce sentiment que chacun puisera la sévérité de mœurs
et la fierté de courage qui constituent les Républi-
cains. Mais pour concevoir une grande idée de son
être, pour se respecter soi-même, il faut que l'homme
sente la plénitude de la liberté individuelle, qu'il
s'enivre du sentiment délicieux de son inviolabilité
personnelle : or la liberté individuelle n'est entière
que lorsque la liberté générale est contenue par de
bonnes loix appuyées sur une force invincible et essentiellement obéissante ; l'inviolabilité personnelle n'est
réalisée que dans l'heureux pays où l'on n'a de maître
que la loi, sans dépendre de ses agens ; la loi seule et
non ses interprétations capricieuses ou forcées ; la loi
générale, également majestueuse et inflexible pour
tous, et non une loi momentanée, une loi particulière ou rétroactive. Quelle estime, en effet, peut concevoir de lui-même, l'esclave abruti par la tyrannie,
cloué à l'avilissement par l'habitude ou par la frayeur ?
Quel essort sublime peut-il donner à ses facultés intellectuelles, lorsqu'elles sont toujours comprimées par la
violence ? Quel cas peut-il faire de son intelligence,
lorsque la pensée est un crime, lorsqu'un despote le
condamne à mourir pour un rêve fait dans le sommeil
ou dans le vin ; lorsqu'il le punit pour être homme ?

Quel prix peut-il attacher à la fortune, à la vie, à
l'honneur, lorsque toutes ces choses dépendent d'un
caprice, d'une délation odieuse, d'une calomnie, ou
d'une définition arbitraire?

I I I.   Il est donc bien évident qu'une Constitution populaire,
quelque sublime quelle soit par sa théorie, si elle n'est
pas établie sur l'amour de la patrie et sur la vertu, n'est
qu'une série de conceptions abstraites et stériles; ce sera,
si l'on veut, un superbe automate auquel il ne manque
que le mouvement et la vie. Il est bien évident qu'un
systême de législation élevé sur la métaphysique la plus
subtile, s'il n'a pour régulateur, la sagesse de l'expérience, et la connaissance refléchie du cœur humain,
donnera lieu à des équivoques grossiers et infiniment
funestes.

Voilà des vérités si élémentaires en législation, qu'il
n'est permis à personne de les contester. Mon dessein
n'est pas d'épuiser dans cette dissertation tous les développemens dont elles sont susceptibles; je me suis proposé uniquement de contribuer à répandre quelques
connaissances importantes de morale sociale et d'économie politique, dont les progrès sont encore arrêtés
par des préjugés anciens, ou par de nouvelles erreurs.

I V.   Pour que cette dissertation soit jugée d'après la destination que je lui ai donnée; j'avertis qu'il y a trois
espèces d'hommes pour qui je n'écris pas, et que je
dispense volontiers de me lire, parce que je sais qu'on
ne les corrige point par la persuasion.

D'abord je ne dispute pas avec ce philosophe systé-
matique, qui cherchant dans son imagination la morale
qu'il ne trouve plus dans son cœur; cherchant les droits

de l'homme dans les desirs irréfléchis du peuple, abuse d'une métaphysique pointilleuse et flexible, pour justifier un excès par un sophisme, ou pour subtiliser et exténuer tellement les vrais principes par des conceptions abstraites, qu'il ne lui reste en dernier résultat que le doute et l'incertitude.

Je ne dispute pas non plus avec un homme dominé l'esprit de faction; celui-ci, moins subtile mais plus aveugle que le philosophe, ne veut appercevoir dans les objets que les côtés qui lui sont favorables; Une institution lui convient-elle? dès-lors elle n'a nul inconvénient. A-t-il besoin de s'étayer d'un paradoxe ou de quelque maxime incertaine? il les érige en principes incontestables, Une vérité lui est-elle importune? c'est une absurdité qui n'a trouvé quelque croyance que par l'effet du préjugé ou de la supertition: il veut, en un mot, que la vérité, la justice, la morale se laissent docilement fléchir selon la bizarerie de ses prétentions. Si le factieux prend le masque de la raison et de la justice, c'est pour en détruire plus efficacement l'influence; il ne travaille pas à instruire, mais à séduire et à corrompre le peuple; c'est par les passions et les vices qu'il le conduit; c'est en le flattant grossièrement, qu'il excite en lui un enthousiasme qui anéantit l'action tranquille du bon sens, et qui le rend flexible à toutes les agitations qui conviennent aux chefs de parti; c'est en disant au peuple qu'il est toujours juste, toujours vertueux et tout-puissant, qu'on le tient en garde contre l'établissement d'un Gouvernement qui opposerait des moyens répressifs aux vices des particuliers, et aux manœuvres ou aux perfidies des intrigans et des agita-

teurs. Le peuple, dans le délire de l'orgueil, n'a en vue
que la perfection et le bonheur chimérique dont on le
flatte, et la toute-puissance dont on lui fait hommage.
Tout système de législation qui ne s'accorde pas avec
cette exaltation d'idées, est un système oppressif, inju-
rieux à la majesté nationale ? Si on propose de créer
une force publique essentiellement dévouée à l'exécution des loix, et destinée à les revêtir d'une autorité
terrible pour les pervers, cette autorité est une tyrannie insupportable ; voilà les factieux.

Enfin la troisième espèce, qui tient le milieu entre
l'esprit de système et l'esprit de parti, pour réunir l'orgueil de l'un à l'opiniâtreté de l'autre, se compose de
ces hommes à demi-lumières, de ces pédans politiques,
qui, incapables de concevoir les objets avec justesse,
en ont toujours des idées imparfaites ou exagérées ;
qui, convertissant en insolence leur habitude de ram-
per, deviennent les bourreaux du sens commun et
des affections honnêtes ; qui, par l'extravagance des
illusions, dont ils épanouissent leur ame, surpassent
la sotte présomption de la mouche qui croyait seule
traîner le coche ; qui se créent des définitions bizarre-
ment arbitraires, d'après lesquelles ils sont les plus
vertueux et les plus ardens patriotes du monde, et
prononcent ensuite sur l'incivisme de l'homme d'esprit, de l'homme de génie, du riche, de l'artiste, du
négociant, pour faire comprendre ce qu'ils n'osent
encore dire hautement, que le patriotisme qu'ils professent et la liberté qu'ils défendent, sont un fléau destructeur des sciences et des arts, de la propriété et
du commerce. Eh quoi, misérable ! ne vois-tu pas

que tes déclamations féroces, tes exagérations absurdes, appellent la malédiction universelle sur l'at-
tribut le plus précieux de la nature, en ne le faisant
connaître que par des abus et des excès? Heureusement pour la société, ces grenouilles se détruisent par
leur propre gonflement. Il faut qu'un être soit bien
avili pour crever d'orgueil, lorsqu'on lui permet d'être
égal à ceux de son espèce.

J'ai écarté les séducteurs du peuple, pour ne con-
verser qu'avec le Peuple lui-même: c'est au Peuple
honnête et juste que je dédie ma dissertation; à ce
Peuple, qui par sa candeur et sa doctrine, sollicite les
secours d'une instruction vraie et solide, contre les
sophismes perfides et passagers de la séduction et de
l'intrigue. Je la dédie à l'artisan laborieux, à l'ouvrier
assidu qui demande toujours du travail, pour toujours
gagner sa subsistance; au cultivateur paisible et modeste, qui demande au gouvernement toujours du respect pour la propriété, afin de prodiguer toujours avec
joie les sueurs et les peines qui fertilisent la terre; je
la dédie au négociant actif, qui demande toujours la
liberté du commerce, pour toujours enrichir sa nation, en augmentant la masse des denrées, en perfectionnant l'industrie, en occupant les bras oisifs; je la
dédie à tout homme ami de la prospérité publique,
dont l'ame est cruellement froissée par les efforts que
l'hypocrisie populaire fait pour anéantir la propriété
et l'industrie; je la dédie à tout homme impartial qui
veut connoître et juger la masse nationale. Je veux
mettre mon pays à l'abri des imputations calom-
nieuses qui pourroient lui être faites par des étrangers

ou par des Historiens peu attentifs, qui prenant pour l'opinion générale les rêves extravagans du petit nombre qui dominent pendant l'interrègne de la justice et de la raison, voudraient nous accuser d'entreprendre le bouleversement de tous les empires, et la dissolution de l'ordre social.

§. I I.

L'économie générale ou politique, *est*, selon Rousseau, *l'administration sage et légitime, établie pour faire exécuter les loix qui garantissent à chaque Citoyens la propriété, la vie et la liberté.*

La morale sociale est la combinaison du bonheur particulier avec le bonheur commun. L'homme est né pour le bonheur, cette destination est exprimée par un sentiment universel et irrésistible. Son bonheur n'est point un bonheur d'isolement, il doit être justement combiné avec celui de ses semblables ; ceci est prouvé par le désir unanime et ineffaçable d'en être aimé et estimé ; par le sentiment naturel de la pitié, de la honte et du remords ; par l'organisation physique et intellectuelle des hommes, qui établit entr'eux une dépendance réciproquement nécessaire.

Le bonheur consiste dans la proportion exacte de nos soins avec les moyens de les satisfaire ; de cette proportion résulte la paix et le contentement qui fait le bonheur ; de la disproportion au contraire résultent les inquiétudes, les regrets, les desirs, la honte, qui font le malheur.

Puisque le bonheur de chaque homme doit être assorti avec celui des autres, la règle générale qua

tout individu doit invariablement suivre dans le choix
des moyens d'y parvenir, c'est de ne rien faire qui
puisse attirer la haine ou le mépris de ses semblables ;
c'est de ne faire que ce que tous les autres peuvent
également faire sans détruire l'association : *Alteri ne
feceris quod tibi fieri non vis ; ne fais à autrui
que ce que tu veux qu'on te fasse.* Voilà la maxime
également sublime et féconde d'où découlent tous
les devoirs de l'homme social.

Les hommes naissent avec des besoins qu'il ne dépend pas d'eux d'éteindre. Ils reçoivent de la nature
une perfectibilité active, une imagination, une intelligence qu'il n'est pas en leur pouvoir de captiver
éternellement : or la création de la propriété et la réunion en société, sont les effets nécessaires de nos besoins et du développement de nos facultés.

Tant que les hommes étaient encore sous la main
de la nature, ils étaient peu nombreux, ils avaient
peu de besoins et beaucoup de moyens de les satisfaire. Tant que les hommes se livrèrent à la vie er-
rante, qu'ils vécurent par-tout où ils se trouvaient, du
produit de leur chasse ou de la pêche, ou des fruits
spontanés de la terre, la terre n'appartenait à personne, et ses productions appartenaient à tous. Mais
les hommes ayant multiplié par l'effet d'un desir et
d'un besoin naturel, quand ils sont devenus trop nombreux pour que les productions spontanées de la terre
pussent suffire à leurs besoins ; le travail devint
indispensable. La nécessité du travail exige l'établissement de la propriété individuelle ; et l'établissement
de la propriété individuelle entraîne celui de la société
civile pour protéger le travail et l'industrie.

I I.
*Premières
expériences
l'homme.*

Si l'auteur de la nature n'avait pas voulu que les hommes se partageassent la terre, il devait lui donner une fertilité égale par-tout, suffisante pour nourrir tous ses habitans, et telle qu'elle ne pût recevoir aucun accroissement par le travail, afin que le travail ne devînt pas un titre particulier et exclusif de possession.

Si l'auteur de la nature avait voulu empêcher la formation des sociétés civiles, il devait organiser l'homme comme la bête; tout ce qu'il lui a accordé au-dessus de l'instinct, est inutile pour la vie animale, et le conduit insensiblement et irrésistiblement à la vie sociale, en l'éloignant de la condition originelle par la perfectibilité individuelle et spécifique.

I I I.
Principe général.

Les principes de droit commun et de justice naturelle qui ont présidé à la formation des sociétés civiles, s'ils étaient vrais alors, le sont encore aujourd'hui; car la vérité et la justice sont immuables.

Or les hommes arrivés à la nécessité de créer la propriété et d'organiser une association pour se soustraire aux abus de la force individuelle et de la perfidie en mettant leurs besoins et leurs droits naturels sous la protection des conventions réciproques et d'une force commune, ont irrésistiblement senti et conçu qu'ils n'arriveroient au but essentiel de l'association, qu'en s'unissant par un ordre moral, c'est-à-dire, par un concours harmonique et durable d'actions et de volonté, tendant à la conservation et au bonheur de la société. Mais cet ordre ne peut être l'effet du hasard, ni celui du caprice, encore moins celui des passions égoïstes : il doit donc être fondé sur les principes constans, inspirés par la nature et la raison; principes qu'on ne peut

méconnaître ou enfreindre sans retomber dans le systême atroce de la violence ou de la ruse. Interrogeons
donc la nature et la raison pour savoir quelles ont dû
être les maximes fondamentales des premières associations.

Les hommes guidés par le sentiment de l'égalité, ont
nécessairement reconnu que les besoins de la nature
étant également impérieux et indestructibles dans les
individus, tous ont un droit également sacré et imprescriptible de les satisfaire.

Guidés par le desir de la prospérité publique et de la
sécurité individuelle, ils n'ont pu s'abtenir de reconnaître qu'au-delà des besoins naturels de tous, le travail et l'industrie de chacun seroit un titre particulier
d'acquisition et de possession religieusement respecté
par la communauté, parce que celui qui, de plus qu'un
autre, met le travail et l'industrie dans la balance de la
justice, doit la faire pancher de son côté.

Ces deux premières conventions ne sont pas arbitraires; la raison en fait sentir à tous l'utilité commune
d'une manière si vive qu'aucun de ceux qui se dispo-
saient à l'association, n'a pu y refuser son assentiment;
il n'étoit pas libre d'asseoir l'édifice social sur d'autres
bases, et personne ne s'avisa d'attaquer la solidité de
celles-ci, parce qu'alors on ne connaissait l'égalité que
par le sentiment modeste que la nature nous en a donné;
on n'en avait point encore composé un systême d'orgueil que son exagération absurde rend impraticable,
parce qu'alors la jalousie et l'ambition n'étant pas encore connues, les hommes n'avaient d'autres passions
que celle du bonheur commun et de leur propre tranquillité.

IV.
Conventio
primordiales

Pour connaître sûrement les principes élémentaires du droit social, il faut donc nous dégager de notre situation actuelle pour nous reporter à l'origine de la société, et assister par la pensée aux conditions des premières alliances, interroger les hommes avant qu'il existât parmi eux des riches et des pauvres, des puissans et des faibles, des maîtres et des esclaves; leurs réponses seront les fidèles interprêtes de la nature et de la raison; parce que n'ayant point encore d'intérêt privés, ils ne peuvent être mûs que par l'intérêt commun.

Les deux premières conventions sociales renferment biens des conséquences qui deviennent elles-mêmes des principes, parce qu'elles se conçoivent immédiatement, ou qu'elles s'appuyent sur l'expérience universelle; je vais ici en exposer sommairement la série, parce que c'est sur ces principes que j'appuierai la solution des questions importantes que je proposerai ensuite.

§. III.

Principes du Droit-Social sur la propriété.

Premier principe. « Dans toute espèce d'association, chaque individu a le droit inviolable de subsister par son travail ou son talent ».

Démonst. La nature, en assujetissant l'homme à des besoins indestructibles, lui a donné le droit inaltérable de les satisfaire; or toute association est invariablement destinée à maintenir et à protéger le droit naturel de chaque associé, donc:

Il suit de ce principe 1º. que toute clause, toute condition de société, qui seroit contraire aux premiers besoins, serait tyrannique et sans force obligatoire, parce que la nécessité ne peut être assujetie.

2.º Que *dans l'extrême nécessité, tous les biens sont communs*, et que cette communauté qui commence avec l'extrême besoin, finit avec lui.

J'ai ajouté que c'est par son travail ou son talent que l'homme a droit de subsister : en effet la consommation du genre humain excède de beaucoup les productions spontanées de la terre. Si les hommes s'abandonnaient à l'inertie, ils seraient forcés de s'entre-détruire, de se manger les uns les autres ; donc pour le bien et la conservation de l'espèce, il est nécessaire d'augmenter la fertilité de la nature par le travail et l'industrie ; mais nul individu ne peut être exempt d'un devoir imposé à son espèce, donc, &c.

Sénèque compare tres-justement la société à une voûte soutenue par la pression réciproque des pierres qui la composent. Celui qui refuse à la société son travail ou son industrie, est une pierre qui se détache de la voûte pour en commencer l'éboulement. *Epist. 75.*

Si pourtant un homme apportait en naissant, ou si, par l'effet de quelques accidens, il lui survenait une infirmité qui le mît hors d'état de travailler ; alors la société le dispense d'une condition qu'il ne peut remplir, et lui garantit sa subsistance sur le produit du travail commun. La communauté a dû s'imposer cette obligation, parce qu'elle intéressait tous ses membres ; il n'en est aucun qui n'ait pu craindre pour lui et pour les siens, d'être frappé par le malheur. D'ailleurs, la plupart des infirmités qui affligent l'homme, sont les effets accidentels de l'association elle-même ; il serait donc bien injuste, bien cruel de ne pas prélever, sur la fortune commune, de quoi subvenir aux premiers besoins de ceux que l'organisation sociale a mis dans l'impuissance d'y pourvoir personnellement:

Donc il n'est jamais permis à la Société de faire ou de laisser mourir les enfans mal formés, les hommes infirmes ou estropiés, les vieillards décrépits, sous le prétexte qu'ils sont inutiles ou embarrassans, qu'ils ne peuvent concourir à la félicité publique.

Nota. Le droit naturel de subsister n'exige ni la pluralité, ni la détermination des moyens de subsistance. Dans un pays où personne ne pourrait subsister qu'en cultivant une portion de terre déterminée et séparée, chacun aurait droit à une propriété territoriale. Dans un pays où il y aurait des moyens de subsister, sans cultiver et sans posséder de propriété territoriale, le droit naturel de subsistance ne serait pas nécessairement lié avec celui de posséder une propriété foncière.

La connexité de cette observation avec le premier principe me paraît intime; si pourtant quelqu'un ne la saisissait pas, qu'il attende les développemens du second principe que je vais établir; ils feront refluer sur cette même observation le dernier dégré d'évidence.

Deuxième principe. « Dans toute association politique, après avoir prélevé, sur les moyens communs, ce qui est nécessaire pour les besoins naturels de chaque individu, le superflu appartient et doit être assuré à celui qui s'en empare par son travail, son industrie, ou

par

par tout autre moyen qui ne contrarie ni le droit naturel, ni la possession antérieure d'un autre. »

Démonstr. Les hommes, conduits à l'association
civile par la nécessité de protéger le travail et l'industrie, n'ont pu s'abstenir de reconnaître que l'un et
l'autre seraient un titre particulier et exclusif de possession sur un objet qui n'appartiendrait à personne
par le droit naturel, puisque les droits de la nature finissent avec ses besoins. Donc les hommes, guidés dans
la fondation de l'édifice social, par le sentiment de la
justice naturelle et de l'utilité commune, ont dû s'o-
bliger à respecter éternellement, et à garantir les possessions fondées sur un travail, sur une industrie utile,
ou sur tout autre titre qui ne contrarierait ni le droit
naturel, ni la possession antérieure d'un autre, comme
le don libre, l'hérédité, l'échange, &c.

Qu'est-ce en effet qu'appartenir ? Selon les notions
les plus simples de la justice et de l'égalité naturelle, un
objet doit appartenir à celui qui a, de plus que tous les
autres, un titre honnête de se l'approprier ; car la justice deviendrait l'iniquité, si sa balance, malgré l'inégalité du poids, persistait dans l'équilibre. Or celui
qui, au droit naturel, commun et égal dans tout individu, réunit le premier, sur un objet, son travail et
son industrie, acquiert un titre particulier et honnête
d'appropriation. D'abord il acquiert un titre particulier, puisqu'il a, de plus que les autres, son travail ;
ce titre est honnête, puisqu'il est conforme à la nécessité naturelle et à l'utilité commune. Donc la justice
veut qu'il possède exclusivement.

Je suppose que, dans l'origine de l'association, les

B

hommes se soient distribué un terrain par portions égales et suffisantes à la subsistance de chacun ; après cette distribution effectuée, s'il reste des terres incultes qui n'aient pas été comprises dans le partage, il est bien évident que, par la supposition, nul ne peut les revendiquer en vertu du besoin, ou du droit naturel : ces terres vagues n'appartiennent à personne ou également à tous ; elles sont dans l'état d'indétermination en attendant la propriété. Si donc un individu plus fort, plus actif, ou plus industrieux, après avoir cultivé sa portion, porte l'excédent de ses forces ou de son industrie sur ces terres incultes, il les fait sortir de l'état indéterminé de communauté pour les faire passer à celui de propriété ; donc il en prend possession en vertu du droit commun ; il en devient propriétaire en vertu de l'égalité naturelle qui exige que celui-là l'emporte qui a pour lui une raison de plus. Donc le principe de la propriété est fondé sur le droit naturel.

Celui-là seul pourrait attaquer la propriété, qui, né supérieur en droits, pourrait dire à chaque membre de la société : ton travail, ou tout autre titre disparaissent devant cette prééminence originelle ; ces titres ne sont respectables que pour ceux que la nature a assujetis au niveau commun, mais moi qu'elle a placé au-dessus, j'ai droit d'effacer les lignes de séparation que l'industrie a tracé sur le globe.

De ce principe découlent bien des vérités importantes qui par leur intime liaison entr'elles et avec le principe se fortifient mutuellement ; il suit :

1°. Que toute législation qui n'est pas fondée sur le

respect religieux pour les titres légitimes d'acquisition
ou de possession, n'est qu'un abominable brigandage :
que tout gouvernement qui ne protège pas la propriété
avec force et avec inflexibilité, est un gouvernement à
exterminer ; parce que la propriété n'a pas été créée
pour le gouvernement, mais celui-ci l'a été pour maintenir la propriété : la propriété elle-même n'est pas
l'effet du caprice ou du hasard; elle est l'ouvrage de la
nécessité et de l'utilité commune ; donc un gouvernement qui ne la garantit pas efficacement, ne remplit
pas sa destination essentielle.

2°. Il suit que la société n'a le droit de prendre sur
les biens des particuliers, par des impôts également
repartis, que ce qu'il faut pour assurer à chacun de
ses membres ce qui lui est nécessaire, et pour garantir
aux autres les possessions qui excèdent le nécessaire
individuel ; car le corps social n'a pas plus de droit que
n'en comporte la fin essentielle de son institution ; or
la société n'a pu être créée que pour assurer à tous les
premiers besoins, et ensuite pour garantir à chacun les
possessions fondées sur des titres raisonnables: donc, lorsque tous les membres sont pourvus du nécessaire , la
société est obligée de maintenir à chacun ses acquisitions faites au-delà du nécessaire.

Sans doute si la société renferme dans son sein des nécessiteux et des superfluistes, elle doit faire cesser la nécessité
aux dépens du superflu ; mais dès l'instant qu'il n'y a plus
d'indigens, la société n'a plus aucun droit de se mêler de
distribution, de répartition, parce que les droits naturels
dont elle est la protectrice finissent avec l'indigence.

Le superflu par sa nature n'est ni un crime, ni un

B 2

devoir, ni un besoin : si le superflu n'est point un crime, il est permis de le posséder ; s'il n'est point un devoir, on n'est pas coupable pour en être privé ; si ce n'est pas un premier besoin, la privation seule ne donne pas le droit d'y prétendre ; donc la société ne peut, sous aucun prétexte, empêcher de posséder du superflu, ni l'ôter à ceux qui l'ont acquis, pour le donner à ceux qui n'en ont pas : jugez maintenant l'épigraphe : *ut redeat miseris, abeat fortuna superbis* (1).

Le superflu est le principe des sciences, des arts et du commerce ; si donc la société garantit les effets, elle doit aussi garantir la cause.

3°. Il suit que le droit qui appartient à la société n'est point un droit capricieux, en vertu duquel elle puisse atteindre telle propriété plutôt que telle autre : le droit que la société tient de son institution est un droit commun et égal pour tous ses membres, un droit qui n'admet ni rigueurs ni privilèges, parce qu'il fait abstraction des personnes, pour n'atteindre que les objets, et les atteindre avec justice ; mais la justice consiste dans l'égalité, et l'égalité dans l'exacte proportion : ceci a besoin de développement.

Si une multitude d'hommes qui vient de se réunir en nation, possède un million d'arpens de terre, ce million d'arpens compose la fortune sociale, sur laquelle il peut et doit être prélevé de quoi assurer la vie et la subsistance de la société elle-même et de tous ses membres ; donc la société a le droit d'établir sur la fortune totale des impôts exactement proportionnés aux besoins

_____

(1) Journal de l'Ami du Peuple, par *Marat*.

naturels des individus et aux besoins honnêtes et justes
de la communauté : voilà pour le droit d'imposition.

Pour la répartition, c'est encore la justice qui préside :
c'est sur le million d'arpens que sont établis les impôts nécessaires : si tous ces arpens sont d'un égal produit, la justice veut qu'ils soient également imposés ;
si un arpent par sa nature produit une fois plus, la justice veut qu'il soit une fois plus imposé ; c'est-à-dire en
général, que la justice exige qu'un impôt établi sur un
objet, se proportionne aux avantages et aux qualités
intrinsèques de ce cet objet. Il y auroit de l'iniquité
à imposer inégalement deux arpens d'une égale fertilité, parce qu'ils diffèrent en relations purement accidentelles et étrangères ; donc le produit de l'imposition, établie sur le million d'arpens, doit être constant
et uniforme, soit que les possesseurs deviennent plus
ou moins nombreux, plus ou moins riches. Si quelqu'un acquiert trois portions, il les acquiert avec les
charges qui leur sont affectées, il doit payer une triple imposition, parce que l'imposition *réelle* suit la
chose elle-même part-tout où elle va, et non pas le
possesseur. Que Pierre ou Paul soit propriétaire de cet
arpent, cela n'ajoute ni ne soustrait rien à sa valeur
intrinsèque, donc cela ne doit ajouter ni soustraire
à l'impôt, puisque les quantités imposables sont les
mêmes.

Ce que je viens de dire sur les possessions territoriales, il est aisé de l'appliquer à tous les objets qui
entrent dans la composition de la fortune sociale. Le
commerce donne des prix respectifs à une infinité d'objets qui peuvent subir des taxes sagement proportion-

nées à leur valeur et à leurs usages; il est clair que
ces taxes tombent sur l'objet lui-même, pour s'y attacher inviolablement, quelqu'en devienne le possesseur;
autrement ces taxes cesseraient d'être un impôt *réel*
pour devenir un impôt *personnel.* Appliquons ceci à
un exemple : un impôt est établi sur le drap, à raison de tant par aulne; celui qui en achète une aulne,
paie une fois l'impôt ; celui qui en achète six , le
paie six fois; voilà la proportion, voilà l'égalité , voilà
la justice. Mais si, à celui qui achète six aulnes, on
veut faire payer douze fois l'impôt, il est évident que
la moitié de cet impôt ne se rapporte point à l'objet;
mais à la personne de l'acquéreur ; donc celui-ci n'est
pas égal , devant la loi , à celui qui n'achète qu'une
aulne, puisque sa personne est traitée plus sévèrement
que la personne du second acheteur. Voilà une loi
passible, voilà une loi dirigée par des considérations
personnelles , voilà l'inégalité , voilà l'injustice.

4°. Il suit que si la société excédait les limites que
la justice et la nature ont fixées à son droit, elle auto-
riserait , par cette transgression criminelle, l'usage de
la force et de la perfidie individuelle. En effet, si
le travail, si l'industrie, si tout autre titre honnête
de possession est violé par la société, c'est par un
acte arbitraire, par un acte sans motifs, que je suis
destitué de ma possession ; mais une volonté capricieuse est toujours une volonté tyrannique à laquelle
j'ai tout droit d'opposer tous mes moyens personnels
de résistance, dès que les moyens publics m'abandon-
nent. Donc, dans toute espèce d'association, les membres
ont le droit d'insurger contre un gouvernement pré-

varicateur ou faible, qui viole ou laisse violer les propriétés, piller les magasins, &c.

5°. Il suit que la propriété est le pilier fondamental de l'édifice social ; que le gouvernement qui l'ébranle, doit s'attendre à subir le sort de Samson qui, en renversant la colonne principale du temple de Dagon, s'ensevelit sous ses ruines avec les Philistins qui y étaient renfermés.

La société a commencé par les propriétés, et elle finirait par leur destruction ; les liens de l'association sont rompus, dès qu'il n'existe plus de propriété. L'attachement des individus pour la forme d'association qui les unit, se proportionne exactement à la sécurité qu'elle garantit à la propriété, au travail, au talent ; l'ébranlement de la propriété est une vexation exercée sur l'industrie, sur les affections honnêtes et utiles ; la prospérité nationale suit toujours la raison directe du respect public pour la propriété. Ces maximes appartiennent au rudiment de l'économie politique.

Résultats pratiques.

Les principes que je viens d'exposer, mis en exécution, produiront nécessairement des résultats qu'il faut prévoir, afin de mieux juger si ceux-ci peuvent, par une vertu rétroactive, anéantir ou changer ceux-là ? Cette question est de la plus haute importance, je la tiens un peu obscure, pour obliger le lecteur à suivre l'ordre naturel des idées.

Premier résultat. L'exécution de ces principes introduit inséparablement une sorte d'inégalité parmi les hommes qui s'associent.

Démonstr. « La propriété est le premier terme de l'inégalité ; la magistrature, le second ; le pouvoir arbitraire, le troisième et le dernier. La propriété fait le riche et le pauvre ; la magistrature fait le puissant et le faible ; le despotisme, le maître et l'esclave ».

Or il est impossible de créer un gouvernement où les deux premières inégalités n'existent pas. Car la propriété emporte nécessairement les relations de riche et de pauvre, parce que le desir d'acquérir et les moyens de le faire sont naturellement inégaux.

La magistrature environne celui qui en est revêtu de toute la force publique ; quoique cette force ne soit pas personnelle, ni destinée à appuyer les volontés particulieres du Magistrat, en supposant même qu'il ne pût jamais en abuser, elle produit néanmoins une sorte de frayeur respectueuse qui n'accompagne pas le simple citoyen.

Donc ce seroit vouloir réaliser une chimère, que de prétendre exclure de l'association politique toute espèce d'inégalité. Un gouvernement est arrivé au plus haut dégré de perfection, lorsque, par son intime organisation, il repousse efficacement l'inégalité résultante du despotisme, c'est ce à quoi tous les législateurs humains doivent se borner ; s'ils veulent aller plus loin, ils outre-passent les pouvoirs donnés par la raison ; ils méprisent les leçons de l'expérience universelle, et par une témérité aussi folle que sacrilège, ils irritent la nature qui ne tarde pas à se venger en renversant un fragile édifice qui n'est point appuyé sur elle. C'est une chose digne d'observation, que, dans toutes les sciences humaines, il se trouve des

esprits faux et audacieux qui veulent toujours s'élan-
cer au-delà du vrai ; ils prennent l'exagération pour
une découverte, l'absurdité pour la transcendance, ce
sont ces esprits qui ont cherché, en médecine, le remède universel ; en méchanique, le mouvement perpétuel ; en géométrie, la quadrature du cercle ; en
chimie, la pierre philosophale ; ce sont les mêmes esprits qui veulent trouver dans la législation une égalité
plus parfaite, et dans le gouvernement une liberté plus
grande que dans la nature. «La chimère de l'égalité est
la plus dangereuse de toutes dans une société policée.
Prêcher ce système au Peuple, ce n'est pas lui rappeller ses droits, c'est l'inviter au meurtre et au pillage ;
c'est déchaîner des animaux domestiques, et les
changer en bêtes féroces. Il faut adoucir ou éclairer les
maîtres qui les gouvernent, ou les loix qui les conduisent ; mais il n'y a dans la nature qu'une égalité de
droit, et jamais une égalité de fait. Le sauvage, qui se
laisse prendre sa chasse, n'est pas l'égal de celui qui
l'emporte. *Raynal.*

J'ai pitié de ces prétendus législateurs qui s'épuisent
à produire de beaux *prospectus* de l'égalité sociale ; je
défie de prouver que les plus sublimes théories, les plus
pompeuses déclarations de droits politiques, aient jamais
apporté une once de bonheur au monde, ou évité une
seule injustice. Il y aurait plus de loyauté à dire aux
hommes : *vous êtes tous égaux devant la mort,* voilà
l'égalité naturelle : *vous êtes tous égaux au tirage de
la loterie,* voilà toute l'égalité civile à laquelle, par
le fait, vous puissiez prétendre. Vous serez tous égaux
devant la loi, lorsque ceux qui la font et ceux qui l'ap-

pliquent seront des anges, mais, allez voir s'ils viennent.

Deuxième résultat. De, quelque manière qu'on s'y
prenne, la pratique des principes fera toujours que
la multitude sera pauvre, et le petit nombre riche.

Démonstr. Au-dessus de la satiété des premiers besoins, il n'y a que des richesses comparatives, et le
moyen de comparaison sera toujours le petit nombre.
Il n'y a pas de richesse intrinsèque ; si tous les hommes
étaient également riches, ils seraient véritablement
pauvres. Donnez à chacun cent mille écus, vous ne
donnez réellement rien à personne ; car à des quantités
données, si on ajoute des quantités égales, les rapports antérieurs ne seront pas changés. Le mot *richesse*
ne présente pas une idée fixe et absolue ; il n'exprime
qu'un rapport, dont les changemens dépendent d'une
infinité de causes très-variables. On entend par richesse,
ce qui sert à procurer des jouissances particulières et
privilégiées ; or, ce qui est possédé par tout le monde,
ne peut servir à procurer ces sortes de jouissances. Si
tous les hommes possédaient également ce qu'on appelle maintenant une grande fortune, ils seraient tous
dans le cas de la rigoureuse suffisance, à l'exception
de ceux qui, ne pouvant travailler par eux-mêmes,
seraient condamnés à périr de besoin au milieu de leurs
possessions immenses. Voilà l'explication d'un vieux
proverbe : *Communia vilescunt : Les choses se désap-
précient en devenant communes.* L'or et l'argent sont
précieux à raison de leur rareté ; lorsqu'ils étaient plus
rares, ils avaient un plus grand prix comparatif. On
pourroit fouiller assez les mines du Pérou, pour que

l'or ne valût pas le fer. Celui qui trouverait la pierre philosophale, et qui communiquerait le secret à tout l'univers, n'ajouterait pas une obole à la richesse du monde. A quoi servirait-il de convertir la boue en or, si après ce changement, l'or devenait aussi méprisable que la boue?

Il en est de la richesse comme de tous les avantages comparatifs; dans la société, ceux qu'on appellera beaux, grands, forts, adroits, spirituels, savans, seront toujours le petit nombre, parce qu'encore une fois les avantages communs ne se comptent pas.

Il est donc bien démontré que ce qui appartient à tous, ne peut être l'élément de la richesse; que chaque chose perd de son prix idéal, à mesure qu'elle devient commune, que par conséquent il n'y a pas de moyen d'empêcher que la multitude ne soit appelée pauvre, et le petit nombre riche.

§. I V.

La Conclusion

Les principes et leurs résultats nécessaires, produisent des conséquences extrêmement importantes; pour en mieux saisir la justesse, il ne faut pas perdre de vue la supposition dans laquelle j'ai placé le Lecteur; il faut qu'il s'imagine être un des premiers hommes qui éprouvèrent la nécessité d'un travail régulier et fixe par son objet, la nécessité d'une association destinée à assurer à chacun le fruit de son travail, et que placé dans cette situation idéale, il interroge son ame, pour savoir ce qu'il aurait voulu alors, ce qui lui aurait paru juste pour chaque individu, et utile pour la communauté.

Lorsque les hommes pressés par la toute-puissante nécessité, conçurent la première idée d'une réunion, supposons qu'un génie prophétique et impartial se soit assis au milieu d'eux pour les instruire sur les résultats de la propriété et de l'association; qu'il leur ait prédit les crimes, les guerres, les meurtres, les misères, les horreurs qui en sont inséparables; qu'il leur ait annoncé tout ce que le Philophe génevois a écrit de noir et d'affligeant sur la société civile.

Discours sur l'origine de l'inégalité.

Lecteur, qu'auriez-vous répondu?

Vous auriez versé des pleurs, et puis vous auriez dit : que l'association, si elle est funeste, est un mal nécessaire ; que les progrès de la population et l'avarice de la terre ont créé le besoin de nous unir pour multiplier les ressources communes en combinant notre travail; ainsi, en convenant que la masse des maux qu'entraîne la civilisation, l'emporte sur celle des biens qu'elle produit ; les déclamations amères de Rousseau contre l'ordre social, n'autorisent point à conclure qu'il faut rentrer dans les forêts, ou qu'on ne devait point en sortir.

Si un orateur, après avoir étalé pompeusement les nombreux avantages de la jeunesse sur la décrépite vieillesse en concluait que l'homme a tort de vieillir, ou que les vieillards doivent retourner à leurs jeunes ans : ne répliqueriez-vous pas à l'élégant rhéteur que le jour est aussi beau que la nuit; que l'automne est plus agréable que l'hiver, pour en conclure que le soleil a tort de quitter notre horizon; que les frimats et les glaçons ont tort de nous venir incommoder?

La civilisation est, si vous voulez, la vieillesse de l'espèce humaine; mais il n'est pas plus en notre pouvoir d'éviter la vieillesse spécifique, que d'éviter la vieillesse individuelle.

Pour empêcher la création de la propriété, il fallait empêcher que le travail devînt nécessaire, et pour cela borner le nombre des hommes à celui que la fertilité naturelle de la terre peut aisément nourrir et tuer l'excédent; ainsi, lorsque la population eut atteint cette proportion où il devenait nécessaire d'encourager la culture en créant la propriété, c'était un devoir de tuer les enfans ou les vieillards, pour éviter le fléau de la société civile. Si ce dernier moyen n'est pas très-ingénieux, il est du moins très-efficace; on ne peut garantir l'homme plus infailliblement des maux de la société qu'en le tuant le jour de sa naissance. Il est assez plaisant de tuer un homme au commencement de sa vie, pour éviter qu'il ne soit tué à l'âge de trente ou quarante ans, par un voleur ou par la guerre.

Le seul moyen de reculer éternellement les calamités de la civilisation, était d'entretenir une très-petite population par la permanence du massacre; comme aussi pour dissoudre la société, pour retourner dans nos innocentes forêts et rentrer dans la bienheureuse communauté de biens, un préliminaire indispensable serait d'exterminer au moins les neuf dixièmes du genre humain : il faut convenir que ce procédé philantropique préviendrait bien des meurtres.

La société civile est donc inévitable; ce seroit une insigne folie de lutter contre son établissement; il faut diriger tous les efforts de la sagesse humaine vers les moyens de la rendre la plus avantageuse possible.

11.   Pour cet effet, les premiers citoyens ont établi l'association sur deux règles immuables : la première et la plus sacrée, concerne ce qui est rigoureusement dû à chaque individu : *il est juste que tous subsistent.* La seconde concerne l'utilité commune, sans laquelle il n'y a point de communauté : *il est publiquement utile qu'il y ait dans la société des possessions au-delà du nécessaire ;* sans cela le moindre surcroît de population, la moindre diminution dans les productions territoriales, causerait une terrible disette ; plus il y a de superflu dans une société, plus ses membres sont éloignés de la détresse ; un individu isolé, quelque soit sa force et son activité, ne peut s'éloigner beaucoup de la nécessité ; si la récolte manque dans l'endroit qu'il cultive, il faut qu'il périsse. La création du superflu est donc un abri contre les premiers besoins ; la surabondance commune est pour les individus une garantie contre l'extrême nécessité à laquelle l'homme toucherait continuellement dans l'état d'isolement et de désunion.

S'il est publiquement utile qu'il y ait du superflu dans la communauté, l'utilité publique ne demande pas que ce superflu soit possédé par tel ou tel autre individu ; donc, pour déterminer la possession individuelle, la perfection de l'économie politique consiste à trouver des titres qui concourent à l'augmentation de la masse communale de superflu, sans offenser le droit naturel de chaque individu : or, qu'est-ce qui a créé le superflu dans la société ? C'est le travail et l'in-

dustrie; qu'est-ce qui encourage le travail et l'industrie ? C'est la possession du superflu ; donc, pour l'utilité commune, la possession particulière du superflu
doit être la récompense sacrée du travail et du talent.

La société nous garantit la subsistance, dont l'infirmité et la vieillesse nous priveroient souvent dans l'état
sauvage, et que nous serions obligé dans l'âge viril,
après l'avoir arrachée péniblement à la terre, de défendre contre la férocité des animaux, contre l'insolence des fainéans vagabonds de notre espèce La société nous offre, en outre, des magasins contre la disette ; doit-on entrer dans la société ? et si on y
entre, quels seront les gardes-magasins ? Le bon sens
veut, et que l'on entre en société, et que les gardes-
magasins soient ceux qui les approvisionnent.

» Mais, mes amis, vous dira le génie, je ne veux
» pas que vous soyez trompés dans votre attente ; je
» vous préviens que la société distribuera inégalement
» ses faveurs ; réfléchissez s'il n'est pas plus agréable
» pour vous de supporter un mal commun que de vous
» soumettre à un ordre de chose qui vous procurât à
» tous des avantages, mais qui seront repartis avec
» quelque prédilection. »

Lecteur, qu'auriez-vous répondu ?

Permettez-moi de suggérer votre réponse par l'apo-
logue suivant : » Un jour le Dieu des desirs rencontra
» l'Envie et l'Avarice qui voyageaient ensemble ; il s'ap-
» procha d'elles, et leur dit qu'il était disposé à ac-
» corder ce qu'elles desireraient, à la seule condition
» de doubler le don pour celle qui parlerait la der-
» nière ; les deux déesses gardaient opiniâtrement le

» silence, lorsque le Dieu des desirs étant sur le point
« de s'éloigner, l'Envie se décida enfin à le rompre la
» première, pour demander qu'il lui fût arraché un
» œil ; ce qui s'exécuta, et les deux yeux furent arra-
» chés à l'avarice. «

Mais vous vous méprennez, me dira le lecteur. Je
sais qu'au commencement de la société, le cœur de
l'homme n'était point empoisonné par la haine et la
jalousie ; j'aurais dit, donnez-moi la société avec ses
avantages inégaux, le bonheur de mon semblable
ne peut être le supplice d'un cœur sensible et honnête.

Je me sers ici du mot *bonheur*, parce qu'il faut bien
employer le style que les habitudes corrompues ont
mis en usage, je démontrerai plus bas que la mesure du bonheur n'est pas celle de la fortune, et que
souvent il suit la raison inverse de l'opulence.

« Vous voulez, dira le génie, la propriété et la société ; eh bien soit, il n'y a plus à revenir là-dessus ;
mais quand vous voulez que le travail et l'industrie
soient des moyens légitimes d'acquisition et des titres
de possession éternelle, avez-vous bien prévu les
inconvéniens qui vont résulter de cette convention
irrévocable ? Avez-vous bien prévu que des hommes
plus laborieux, plus ingénieux vont devenir plus riches?
Ils accumuleront le superflu; et si le travail et l'industrie
sont des titres sacrés parmi vous, vous ne pourrez plus
en limiter le produit ou en restreindre les développemens! voyez donc, mes amis, si pour empêcher la
grande inégalité des fortunes, il n'y aurait pas quelqu'autre mode de répartir la propriété »?

Lecteur,

Lecteur, qu'auriez-vous répondu ?

Qu'il faut suivre une règle dans la répartition de la propriété, ou n'en pas suivre ; si on n'en suit pas, la répartition est essentiellement momentanée et arbitraire ; si on en suit une, ou cette règle est sage et immuable dans ses résultats, ou elle est absurde et variable : si elle est sage, elle se fonde sur des motifs déterminans que l'instinct naturel, que la raison et l'utilité commune approuvent, tels sont le travail, l'industrie et ceux qui s'y rapportent comme l'hérédité, le don, &c. Si elle est absurde, elle s'appuiera sur une mesure véxatoire et féroce, la violence ou la méchanceté ; la règle de la répartition deviendra la loi du plus fort ou du plus méchant.

Supposons maintenant que la répartition arbitraire, ou celle qui se mesurerait sur la force inividuelle, empêcherait l'excroissance des grandes fortunes (ce qui ne serait pas toujours efficace ; car une fortune, en excédant le niveau commun, acquerrerait pour se maintenir, des moyens de violence proportionnés à sa supériorité respective) ; la question se réduirait à demander si, pour éviter la grande inégalité de fortunes, il serait plus expédient de soumettre la propriété à un arbitraire illimité ou à la violence individuelle ; c'est-à-dire en d'autres termes, s'il ne vaudrait pas mieux briser l'association, puisqu'elle ne s'est formée que pour garantir la propriété contre l'arbitraire et l'abus de la force ? Répondez maintenant ; c'est encore la première question.

Puisque le travail est nécessaire et l'industrie utile à la conservation du genre humain, auriez-vous dit ?

C

Je veux, et nous voulons tous, qu'ils soient respectés et encouragés; or, le travail et l'industrie ne peuvent être stimulés efficacement, que par la sécurité inaltérable de la possession et l'inamovibilité de la propriété. Le pouvoir arbitraire inquiète l'industrie, en arrête le développement; la tyrannie la consterne et l'anéantit; donc, il est de notre devoir, de notre intérêt commun de bannir le pouvoir arbitraire et la tyrannie, dût-il en résulter une grande inégalité de fortunes. Rebuter le travail, comprimer l'industrie, retenir tous les hommes dans l'indigence; voilà le moyen infaillible d'égaliser les fortunes; mais nous aimons mieux supporter le mal que d'employer le remède.

Lecteur, vous voilà préparé à entendre la première conséquence que je vais déduire des principes établis ci-dessus; elle présente une grande vérité, et qu'il est d'autant plus précieux de montrer dans toute son évidence, que dans les temps de révolution, les corrupteurs du peuple affectent de l'obscurcir, en répandant sur elle les nuages formés par les exhalaisons de l'imposture et de la dépravation.

Première conséquence. Donc, dans aucune espèce de société, le grand nombre n'a le droit de demander l'abolition ou une nouvelle répartition de la propriété.

Démonstr. Cette conclusion est démontrée par la simple indication des principes d'où elle découle.

La propriété est fondée sur des règles d'éternelle justice, que la multitude ne peut enfreindre ni suspendre.

Il ne s'agit pas ici de conventions positives et régle-

mentaires, qu'il est toujours libre aux parties contrac-
tantes de résilier par un consentement unanime ;
(unanimité qui, en tout état de cause, serait indispensable pour légitimer le renversement de la propriété.)

Il n'est encore paru personne qui osât donner à la
multitude le droit de tuer le petit nombre de beaux,
de forts, de spirituels, de savans; pourquoi aurait-elle
celui de tuer ou de punir la supériorité d'activité, d'intelligence, de talent?

C'est toujours un crime que ne peut effacer le
nombre des coupables, de vouloir ce que tout le
monde eut réprouvé dans l'origine de l'association;
c'est toujours un crime de faire à un autre ce que
raisonnablement nous ne voudrions pas qu'on nous fît;
prétend-on que le grand nombre est au-dessus de la morale naturelle?

Voilà pour la démonstration directe de la conclusion; il n'est pas inutile d'y ajouter un développement exact sur le droit de la majorité; car il faut
dessécher la source empoisonnée où les factieux vont
puiser les détestables sophismes que l'ignorance et
la jalousie reçoivent et propagent avec avidité.

Droit du grand nombre dans l'état social.

Premier principe. Le grand nombre ne peut exercer
quelque droit sur le petit qu'en vertu d'une convention
réciproque.

Démonst. Sans cette convention, le mot *nombre* ne
présente pas une idée plus respectable ni plus fondée
en droit que le mot *force.* Dans l'état sauvage, deux

Pagination incorrecte — date incorrecte

NF Z 43-120-12

hommes, par le titre seul du nombre, n'auraient pas le droit de voler ou tuer un troisième ; et supposant que celui-ci put à la prétention des deux autres en opposer une fondée sur la supériorité de force, je crois que si la justice naturelle se mêlait dans cette contestation, elle se rangerait du côté du plus fort ; car, au bout du compte, la force est un don de la nature, et le nombre est une pure relation extérieure produite par le hasard ou par le caprice. La loi du plus fort, pour l'état de nature, a trouvé des défenseurs ; mais jamais on n'a entrepris de défendre la loi du nombre en la supposant distincte de la première ; donc, avant toute association, la loi du nombre n'est pas autre que celle de la force.

Deuxième principe. Dans toute association, la majorité n'a de droit légitime que celui qu'elle tient de la totalité absolue des individus.

Démonstr. Par le premier principe, le droit de la majorité n'existe pas avant l'association ; c'est donc en s'associant que les hommes ont créé ce droit ; mais il est évident que le droit de la majorité n'a pu être créé par lui-même ; donc il n'a pu l'être que par la totalité absolue des associés. *La loi de la pluralité des suffrages est elle-même un établissement de convention, et suppose au moins une fois l'unanimité.*

Contrat social, p. 12.

Troisième principe. Nul individu n'a voulu, n'a pu attribuer à la majorité le droit de le frustrer lui-même ou de frustrer un autre de la destination essentielle de la société.

Démons. La démonstration de ce principe est toute sentimentale ; il ne peut être contesté que par celui qui n'en concevrait pas l'énoncé ; il est d'évidence palpable que la majorité n'a pu recevoir le droit d'enfreindre les conditions essentielles du pacte social ; l'association n'existe et ne se conçoit que par des conventions communes et réciproques qui lient les associés ; dès que ces conventions sont violées, quelque soit le nombre des violateurs, la société est dissoute, nous rentrons dans l'état d'isolement pour ne retrouver que la loi absurde de la force.

Application des principes.

Il est aisé maintenant d'appliquer ces principes à mon objet : tout individu s'est nécessairement associé pour mettre sa vie en sûreté, pour se livrer avec sécurité au développement de ses facultés naturelles, et pour être à l'abri de la violence sous l'autorité d'une loi commune. « Cherchez, dit Rousseau, les motifs qui ont porté les hommes unis par leurs besoins mutuels dans la grande société, à s'unir plus étroitement par des sociétés civiles ; vous n'en trouverez point d'autre que celui d'assurer les biens, la vie et la liberté de chaque membre par la protection de tous... » *Disc. sur l'Econ. polit.* Donc tout individu doit trouver dans la société, sûreté personnelle, tranquillité dans la possession du fruit de son travail et liberté individuelle ; donc la majorité ne peut, en aucun cas, arbitrairement et par le titre seul de la majorité, priver un seul individu de la vie ; elle ne peut, en aucun cas, par le titre seul de la majorité, priver un individu de sa propriété ; elle ne peut, en aucun cas, par le titre

C 3

seul de la majorité, priver un individu de la liberté commune à tous les autres.

En quoi consiste donc le droit de la majorité ? Le
voici : en vertu d'une convention préalablement générale et réciproque, la majorité d'une société peut obliger l'autre partie dans le choix des institutions libres,
par lesquelles on peut indifféremment atteindre le
triple but de l'association ; je m'explique :

On peut remplir la destination de la société, par
diverses formes extérieures de gouvernement, par
différens réglemens, par des constitutions variées dans
leurs combinaisons. Lorsque les avis sont partagés sur
la détermination de ces formes, de ces loix, la majorité fait la loi ; parce que voulant tous arriver au même
terme, il est à présumer que le chemin indiqué par le
plus grand nombre, est le plus court et le plus sûr.
La loi de la majorité a été sagement instituée, pour
terminer une espèce de débats d'où on n'auroit pu
sortir qu'en brisant la société, ou bien en invoquant la
force. Pour éviter cette épouvantable alternative, il
étoit expédient que tous les individus s'obligeassent à
suivre le vœu du plus grand nombre, sur les moyens
de recueillir les avantages attachés à l'établissement
de la société. Ainsi c'est sur les moyens d'exécution
que la majorité fait la loi, mais pas du tout sur la fin
essentielle de l'association qu'il ne dépend pas d'elle
de pervertir. Donc, &c.

Si on accordoit à la multitude le droit d'abolir la
propriété, ou d'en faire une nouvelle répartition, il
est clair que ce droit ne pourroit être un droit inter-
mittent, qui ne lui appartiendroit qu'à certaines épo-

ques plus ou moins éloignées. Ce droit étant supposé
rentrer dans l'essence politique de la multitude, celle-
ci ne pourroit exister un seul instant sans son droit ;
d'où il suit qu'à tous les momens elle pourroit troubler
la société par l'exercice de ce droit ; puisque le motif
qui en détermine l'usage, savoir, la minorité des riches, se représenteroit continuellement. En effet, les
partages égaux ne seraient pas achevés, que quelqu'individu s'élèverait au-dessus de la fortune commune. Celui qui seroit un peu plus adroit, un peu plus
laborieux ; qui récolteroit un épi de plus ; qui feroit
sur sa consommation journalière une petite épargne,
romprait en sa faveur l'équilibre des fortunes. Son sur-
plus appartiendrait à la multitude, et elle aurait tort
de ne pas s'en emparer tout de suite ; elle serait criminelle en laissant aggraver l'inégalité. Donc, &c.

Je ne terminerais pas, si je voulais présenter les
mêmes idées sous les diverses formes dont elles sont
susceptibles ; j'ajouterais que la multitude, lorsqu'elle
est pourvue du nécessaire, ne peut opposer aux titres
particuliers de la possession individuelle, des titres
équivalens. J'ai sur mon superflu le titre de premier
possesseur, le titre du travail et de l'industrie ; la multitude ne peut appuyer ses prétentions que sur le titre
du nombre, ou de la force, ou de l'égalité.

Or, il est évident 1°. que les titres du nombre et de
la force, qui se confondent en un seul, me donnent le
droit d'essayer tous mes moyens personnels. Si donc je
puis garder ma possession par la violence ou par la perfidie, par le poignard ou par le poison, ces moyens
sont fondés sur le droit naturel de la réciprocité ;

mais qu'est-ce qu'une association qui attribuerait à la multitude le droit de faire continuellement la guerre aux individus, et à ceux-ci le droit d'exterminer la multitude? Donc, &c.

2°. Le titre d'égalité n'est pas d'un meilleur appui ; ce mot n'a besoin que d'être exactement défini : s'il étoit mal compris, il deviendrait le plus terrible fléau de l'espèce humaine.

Les hommes sont naturellement égaux, c'est-à-dire, que par la nature, ils ont également droit de vivre, également droit d'exercer leurs facultés, également droit d'être libres. L'association pécheroit contre l'égalité naturelle, si elle protégeait inégalement la vie, inégalement la propriété, inégalement la liberté de ses membres : mais elle ne l'offense pas en protégeant des propriétés inégales ; parce que la nature, en donnant à tous les hommes le droit de devenir propriétaires par l'usage de leurs facultés, ne leur a pas donné pour cela un droit à des propriétés égales, puisqu'elle leur a donné des facultés inégales. Ainsi la société doit protéger également la propriété de tous, grande ou petite, voilà en quoi consiste l'égalité civile de propriété ; elle doit protéger également la vie de tous, du fort comme du foible, du beau comme du difforme, voilà l'égalité de sûreté personnelle ; elle doit protéger également la liberté individuelle de tous, riches ou pauvres, savans ou ignorans, voilà toute l'égalité sociale et naturelle : aller plus loin, c'est vouloir retrouver l'inégalité ; l'égalité consiste dans un point indivisible, au-dessous et au-dessus duquel existe l'inégalité.

Si l'égalité civile ne consiste pas précisément dans le

maintien de l'égalité naturelle; si par cette égalité civile on prétend réparer les torts de la nature, je prierai
le réformateur d'ajouter à son plan d'égalité un petit
article sur l'égalité d'esprit, de génie, de talent, &c.
Donc, dans aucune espèce de société, la multitude
n'a le droit de demander l'abolition, ou une nouvelle
répartition de la propriété.

Deuxième conséquence. Les résultats pratiques des
principes qui ont nécessairement dû être consentis par
tous ceux qui entraient dans la société; ces résultats,
dis-je, pour être plus favorables à quelques-uns qu'à la
multitude, ne peuvent néanmoins, par une vertu rétroactive, altérer la vérité ou l'utilité publique de ces
mêmes principes.

Troisième conséquence. Le subtiliseur pointilleux,
l'impertinent démagogue qui, inspiré par l'ambition,
invente des sophismes propres à égarer et à corrompre
l'opinion générale sur l'origine et les fondemens de la
propriété, eût été étouffé dans l'origine de l'association, comme un monstre désorganisateur. Tous auraient apperçu, dans sa perfide doctrine, le poison
destiné à exercer une vertu corrosive sur les principes
sociaux : on aurait arrêté unanimement, comme
mesure indispensable de salut universel, comme un
hommage dû à la morale sociale, d'exterminer cet
empoisonneur du genre humain.

Quatrième conséquence. Chez toutes les nations ci-
vilisées, le premier article du code pénal doit être celui
qui prononce la mort naturelle ou civile contre quiconque oserait attaquer les fondemens de l'association
humaine, en profanant la religion de la propriété. Ce

serait une contradiction bien révoltante, si la législation prononçait la mort contre celui qui combattrait
telle forme extérieure de gouvernement pour lui en
préférer telle autre; tandis qu'elle garantirait l'impunité à celui qui les attaquerait toutes, en provoquant le
renversement de l'ordre social. Est-ce donc un crime
plus grand d'attaquer l'ouvrage de l'homme, que de
renverser celui de la nature et de la raison ?

Cinquième conséquence. Si quelqu'un avait voulu
opposer des restrictions particulières aux conventions
primitives, il eût été chassé de l'association comme un
méprisable égoïste, non susceptible de liaison morale.
Si dans la première assemblée où les hommes, sous la
seule influence de la raison, réglaient les conditions du
contrat social, quelqu'un avait dit : j'adopte les principes inspirés par le sens naturel, et j'en maintiendrai
l'exécution; si, par leurs résultats, je suis du petit
nombre des riches; mais si je suis jetté dans la multitude des pauvres, j'en demanderai la révocation : je
vous consulte encore une fois lecteur, qu'auriez-vous
répondu ? Point d'exceptions, vous seriez-vous écrié,
point de privilèges. Nous sommes, à partir de ce point,
tous égaux; il faut donc que tous se soumettent à l'é-
ternelle et immuable exécution des principes fédéra-
tifs, ou que tous s'en exemptent; or si personne ne
reconna t l'irrévocabilité des principes, il n'y a point
d'association; la séance se lève sans avoir produit de
décision, nous rentrons tous dans nos forêts pour y
vivre à la discrétion du plus fort ou du plus audacieux : si tous reconnaissent cette irrévocablité, toutes les restrictions sont anéanties, il n'est plus permis

à qui que ce soit de demander la résiliation du pacte social formé par la raison, pour en recommencer un autre.

Ceux qui, se laissant égarer sur le titre de la propriété, en demandent une nouvelle répartition, ressemblent aux enfans qui dans les jeux dont ils font eux-mêmes les conditions, s'ils perdent, veulent recommencer, prétextant qu'ils n'ont pas joué sérieusement : veut-on faire de l'association un jeu d'enfant ? Si les règles de l'appropriation et de la possession ne sont pas immuables, le parti le plus sage à prendre est de distribuer toutes les fortunes, toute espèce de propriété, en portions égales, pour être mises en loterie, au moins tous les mois ; ce procédé éviterait les faveurs, les jalousies, les dissensions inséparables de tout autre mode de répartition.

Object. Mais, me dira quelqu'un, je n'y étais pas moi, quand on a créé la société ; je n'ai point adopté personnellement les conventions qui assurent au riche le droit d'élever un palais magnifique à côté de mon humble chaumière, le droit de consommer un immense revenu à côté de mes sobres repas ; une génération ne peut en lier une autre. Donc &c.

Rép. Tu n'y étais pas, dis-tu. Mais la nature et la raison y étaient pour toi ; ce n'est pas par l'effet d'un caprice que les hommes se sont réunis, la nature, par ses développemens inévitables, leur en a fait un besoin ; ce n'est pas par l'effet d'un caprice qu'ils ont créé la propriété ; la propriété est l'ouvrage de la nécessité et de l'intérêt public ; les titres de la propriété ont été établis par un sentiment commun d'équité,

On parle peu correctement lorsqu'on dit que les premiers hommes ont fondé la société, créé la propriété;
Il faut dire : à tel dégré de la population, la réunion
en société devint indispensable; la nécessité la forma
sous la direction de la raison; la possession communale ne pouvant subsister dans une société dont tous
les membres reçoivent de la nature une grande diversité de facultés morales et physiques; le bon sens ins-
pira d'augmenter les ressources communes, en fondant
la propriété sur le développement utile des facultés
physiques et intellectuelles. La nécessité naturelle
crée la propriété, et l'équité naturelle en inspire les
titres. Demander maintenant si ce que la nature a
prescrit, si ce que la raison a suggéré aux générations passées, est prescrit et inspiré aux générations
présentes; c'est demander, en termes équivalens, si
la nature humaine et la raison sont aujourd'hui les
mêmes qu'elles étaient autrefois ?

La maxime qu'une génération ne peut en lier une
autre, ne pourrait être victorieusement employée ici,
que par celui qui, ne participant ni à la nature, ni à
la raison commune, n'aurait point été représenté dans
la formation de la société. J'avoue que l'argument serait sans réplique dans la bouche d'une bête féroce; je
reconnais en elle le droit de dévorer mon troupeau,
de me dévorer moi-même lorsqu'elle le peut; mais
j'ai aussi le droit de l'exterminer par tous les moyens
qui sont en mon pouvoir. Ce n'est qu'à cette réciprocité
de conditions que je puis accorder à mon raisonneur le
droit de porter atteinte à ma propriété.

Une génération ne peut en lier une autre par ses

institutions libres, par ses loix réglementaires, dont l'utilité se mesure sur l'influence d'une infinité de circonstances qui changent avec le temps, le climat, &c. Mais toutes les générations successives sont obligées de respecter les conventions qui intéressent l'unité du genre humain ; ce qui est bon, ce qui est utile à toute l'espèce est la règle invariable des individus.

Sixième conséquence : Le philosophe qui, méditant sur les maux de la société, au lieu de diriger son travail vers les remèdes salutaires qui pourraient les guérir, ou au moins en affaiblir l'activité, ne s'occupe qu'à les peindre énergiquement, à les exagérer peut-être, pour en conclure qu'il faut tuer la société, ressemble à un médecin qui n'étudierait la situation de son malade que pour lui prouver, par des descriptions pathétiques, qu'il vaudrait mieux pour lui ne pas exister, et qui l'inviterait à se donner la mort pour se soustraire à la douleur. Il vaut mieux laisser à un malade l'illusion qui le console, que d'en approcher pour lui faire appercevoir la gravité de sa maladie, et ne lui indiquer que des remèdes absurdes ou impossibles ; ce serait ajouter le désespoir à son premier mal.

On ne sert pas la société en la rendant détestable, on ne sert pas les membres qui la composent en leur rendant la vie méprisable. Philosophe ! si tu veux être l'ami de l'homme, console-le sans l'effrayer, corrige-le sans le désespérer ; donne-lui des leçons de vertu, tempérées par la sagesse et la douceur ; laisse-lui appercevoir en toi plus de pitié pour ses faiblesses, que de haine et de mépris pour son espèce. Dis-lui que la sociabilité est le don le plus précieux et le plus honorable de

la nature, que la civilisation doit être le complément
du bonheur et de la perfection humaine; mais apprends-
lui en même temps que le bon, que le mauvais usage
de ces dons est en son pouvoir, qu'il est maître d'en pervertir la destination et de les rendre funestes; peins à
son imagination, fais sentir à son cœur l'élégante harmonie et les douceurs délicieuses d'une société établie
sur la base des devoirs et des droits réciproques; peins-
lui en traits de feu le contraste d'une société défigurée
par les vices, continuellement agitée et déchirée par
les crimes de l'homme; dissipe les préjugés qui l'aveu-
veuglent ou qui le corrompent; montre-lui l'intime
liaison de ses devoirs avec ses véritables intérêts; fais
qu'il apperçoive toujours le bonheur à la suite de la vertu,
la honte et le remords à la suite du vice : enseigne-lui
qu'il ne peut être heureux seul, qu'il est intéressant pour
lui de combiner son bonheur avec celui de ses semblables; apprends-lui le secret de cette importante combinaison; alors tu seras l'ami de l'homme, l'ami du
peuple, le bienfaiteur de l'espèce humaine.

Il est vrai sans doute que la vie simple et patriarchale
des premiers âges, a plus de douceur et d'innocence
que la vie turbulente et toute artificielle de nos sociétés; faut-il donc les dissoudre subitement et reprendre
la vie pastorale? Non. En brisant violemment le mécha-
nisme de la société civile, nous ne ferions que diminuer
nos ressources sans diminuer nos besoins; nous ne ferions
qu'enhardir le crime et décourager la vertu. Nos peines
et nos vices sont intimement attachés aux passions, aux
habitudes, aux préjugés artificiels qui se sont imper-
ceptiblement insérés dans la société, qui s'y sont déve-

loppés lentement, et qui, par leurs accroissemens successifs, en ont infecté toutes les parties : or ces maladies
morales pour les guérir radicalement, il faut les affaiblir, les miner avec lenteur et assiduité ; il faut qu'en
évacuant la société elles se replient exactement sur
elles-mêmes, et qu'elles suivent dans leur marche rétrograde le même ordre qu'elles ont suivi dans leur inva-
sion ; il faut qu'elles soient poursuivies avec ce ména-
gement qui leur laisse le temps d'emmener les vices et
les maux qui les ont accompagnés : il ne s'agit pas ici
d'un ennemi dont il soit intéressant d'enlever la dé-
pouille et les bagages. Une attaque impétueuse peut
bien contraindre pendant quelque temps les passions à
se cacher, mais elle ne les étouffe pas ; elle ne fait
même qu'en augmenter sourdement l'activité et leur
prépare une explosion d'autant plus funeste que la
contrainte aura été plus pénible.

Il faut conclure que les mœurs publiques ne peuvent être réformées que par des institutions sages et pru-
dentes qui rongent sans cesse les vices et les abus pour
faire passer les bons principes dans le tempéramment
politique. Il y a une immense différence entre une révolution physique et une révolution morale ; si la force,
si l'impétuosité suffisent pour abattre une montagne,
détourner un fleuve, écraser un tyran ; il n'en est pas
de même pour la suppression des abus dont le principe
est dans la corruption de l'opinion publique et dans la
dépravation des mœurs. Les préjugés et les vices exercent une tyrannie morale, contre laquelle la force est
impuissante, il faut lui opposer les efforts assidus de
la raison.

Septième conséquence : Le desir d'acquérir et d'augmenter ses propriétés, ses jouissances, est le principe de l'activité commerciale, de l'industrie qui vivifie et embellit la société : tous ses membres pressés sans cesse par ce desir, agissent et réagissent continuellement les uns sur les autres ; toutes leurs facultés sont mises en jeu ; le genre humain, semblable à une immense fourmilière, s'occupe tout entier à élever de grands magasins entre lui et le besoin ; il tourmente la terre en mille manières et la fertilise par ses sueurs ; il couvre la mer de vaisseaux, construit des manufactures, imagine toutes sortes de procédés agréables ou commodes : c'est par l'effet de ce desir que les hommes se partagent les besoins, les goûts, les caprices de leur espèce ; ils tâchent de les augmenter, de les varier à chaque instant pour mettre à contribution ceux qui les éprouvent ; les hommes sont continuellement occupés à échanger des choses nécessaires pour des choses utiles ou agréables ; à donner ce qu'ils possèdent pour obtenir ce qu'ils n'ont pas ; à tirer sur un besoin pour satisfaire un caprice, ou sur un caprice pour satisfaire un besoin : c'est cette réciprocité d'action qui fait la vie et l'ame de l'ordre social ; ôtez le desir d'acquérir, vous coupez le nerf essentiel du corps politique, vous détruisez le principal moteur des facultés humaines ; les hommes deviendront lâches, indolens, ils s'embarrasseront mutuellement, la population s'arrêtera ; ils éprouveront souvent les horreurs de la disette. En effet la subsistance d'une grande partie de la société est fondée sur le desir d'acquérir ; c'est lui qui donne du mouvement à tous les bras, de l'émulation à tous

les

les talens ; c'est lui qui établit, entre tous les états de la société, la dépendance réciproque, qui assure à chaque individu ce qui lui est nécessaire ; le pauvre et le riche dépendent indispensablement l'un de l'autre ; la richesse ne tire son éclat que de l'activité des pauvres qui travaillent et vivent autour d'elle ; le riche n'est que l'administrateur de la fortune naturelle de plusieurs individus ; il faut qu'il prélève, sur ses jouissances, de quoi fournir aux besoins de ceux dont le concours lui est nécessaire. Reste-t-il du superflu ? Il n'a par lui-même aucune valeur, il faut le jetter promptement dans la circulation pour faire subsister encore d'autres individus ; la richesse consiste donc essentiellement dans le passage rapide et non dans la consommation personnelle des revenus. Un riche vraiment onéreux à la société, serait celui qui ferait seul tous ses ouvrages et qui absorberait seul toutes ses productions. Un riche vraiment funeste à la société serait celui qui ne cultiverait point ses terres, ou qui laisseroit périr ses denrées : encore n'est-il pas incontestable que la folie ou la méchanceté de ce dernier puisse être réprimée par la loi ; je n'ose prononcer mon avis sur cette question ; il me suffira d'exprimer celui d'un auteur auquel on ne refusera point le mérite d'avoir médité les objets de législation : c'est *Raynal, hist. des Indes, to. 5, p. 37.*

« Dans toute société, il faut qu'un particulier puisse user ou abuser à discrétion de sa portion de la richesse générale. Il faut qu'il puisse laisser sa terre en friche, si cela lui convient sans que l'Administration s'en mêle. Si le Gouvernement se constitue juge de l'abus, il ne tar-

D

dera pas à se constituer juge de l'*us*; et toute véritable notion de propriété et de liberté sera détruite. S'il peut exiger que j'emploie ma chose à sa fantaisie; s'il inflige des peines à la contravention, à la négligence, à la folie, et cela sous prétexte de la notion d'utilité générale et publique; je ne suis plus maître absolu de ma chose; je n'en suis que l'administrateur au gré d'un autre. Il faut abandonner à l'homme en société la liberté d'être un mauvais citoyen en ce point, parce qu'il ne tardera pas à en être sévèrement puni par la misère et par le mépris plus cruel encore que la misère. Celui qui brûle sa denrée ou qui jette son argent par la fenêtre est un stupide trop rare pour qu'on doive le lier par des loix prohibitives, et ces loix prohibitives seraient trop nuisibles par leur atteinte à la notion universelle et sacrée de la propriété. Dans toute Constitution bien ordonnée, les soins des Magistrats doivent se borner à ce qui intéresse la sûreté générale, la tranquillité intérieure, la conduite des armées, l'observation des loix. Par-tout où vous verrez aller l'autorité plus loin, dites hardiment que les peuples sont exposés à la déprédation. Parcourez les temps et les nations, et cette grande et belle idée d'utilité publique se présentera à votre imagination sous l'image symbolique d'un Hercule qui assomme une partie du peuple aux cris de joie et aux acclamations de l'autre partie qui ne sent pas qu'incessamment elle tombera écrasée sous la même massue ».

S'il est permis au propriétaire d'employer sa terre en agrémens frivoles, il ne peut être repréhensible pour la laisser en friche.

« Il est certain que le droit de propriété est le plus
sacré de tous les droits des citoyens, et plus important,
à certains égards, que la liberté même; soit parce
qu'il tient de plus près à la conservation de la vie; soit
parce que les biens étant plus faciles à usurper et plus
pénibles à défendre que la personne, on doit plus respecter ce qui peut se ravir plus aisément; soit enfin
parce que la propriété est le vrai fondement de la société civile , et le vrai garant des engagemens des
citoyens ».

Rouss. Disc.
sur l'Econo.
polit.

Cette dévotion de tous les économistes pour la propriété, est trop sévère pour être du goût de bien des
esprits turbulens et ineptes, qui, persuadés que la loi
doit se plier à l'irascibilité de leur jalousie, exigent
impérieusement qu'elle réforme ce qui leur déplaît et
qu'elle punisse ce qui les offense. Quel jugement Raynal
aurait-il porté d'un Gouvernement qui, oubliant que
la propriété est hors de la puissance humaine, taxe
néanmoins, limite et hypothèque arbitrairement les
fortunes particulières; pose d'une main audacieuse le
terme au-de-là duquel la propriété s'éteint, et le créan-
cier perd ses droits? Je saisis sans scrupule toutes les
occasions de me courroucer contre des Législateurs
frivoles qui, franchissant par une audace sacrilège
les bornes invariables de leur mission, se croient maîtres de la nature, parce qu'ils sont maîtres d'alleguer
des raisons d'utilité publique, et qui sur des prétextes,
ne se refusant à aucune tyrannie, essayent de changer
les bases primitives de l'association; je ne puis craindre
de confondre les inquiétudes de l'intérêt privé avec le
zèle de la justice; car je déclare solemnellement que

je ne possède pas un pouce de terre, et que mon mobilier se place aisément dans un sac de nuit; je frémis pourtant lorsque les actes publics ne se conforment pas au respect qu'ils doivent concilier à la propriété individuelle, et je me dis à moi-même: *la perfidie et la force,* voilà nos gouverneurs.

Huitième conséquence. Puisque le desir d'acquérir est le principe de la vie sociale, puisqu'il est aussi nécessaire au corps politique, que le mouvement du cœur au corps individuel; le Gouvernement doit le dégager de toute entrave violente, le délivrer de toute inquiétude pour lui laisser prendre toute l'activité dont il est susceptible; il faut qu'il abandonne aux désirs particuliers le soin de se balancer les uns et les autres, et de conserver un juste équilibre. La société doit considérer les propriétaires comme les régisseurs à bail perpétuel et héréditaire de la fortune publique: ce qui lui importe, c'est que chacun de ces régisseurs administre sa portion avec industrie, avec économie, et même avec une sorte d'avarice; que tout soit minutieusement mis en valeur, afin d'augmenter la masse des productions nationales; or on n'obtiendra point l'exécution de ces clauses publiquement utiles, par la contrainte, mais uniquement par l'effet du desir d'acquérir: donc ce desir doit être entretenu, aiguillonné pour l'intérêt général.

Donc ces discoureurs arbitraires qui s'adaptent le masque de la popularité pour tromper plus efficacement le peuple ignorant; qui effraient par des déclamations infernales le commerce et les propriétaires, en promettant leurs dépouilles à une multitude abusée

dont ils flattent la perversité afin de pouvoir disposer
de sa fureur; ces discoureurs, dis-je, ne sont amis ni de
l'ordre, ni du bien général : s'ils n'étaient pas intimement scélérats, s'ils n'étaient qu'égarés par une fausse
pitié, je les comparerais à un père faible qui n'ayant
pas le courage de résister aux cris de son enfant, lui
accorde une nourriture pernicieuse.

Neuvième conséquence : Le desir illimité d'acquérir
ne peut être sans inconvéniens ; mais il ne faut
pas pour y obvier, perdre les avantages indispen-
sables qu'il produit. La liberté de la presse a ses abus,
un Gouvernement populaire a ses excès ; en conclurez-
vous qu'il est bon d'abolir la presse et de se courber
sous le despotisme ? C'est à l'opinion publique, c'est
aux mœurs créées par la Législation à arrêter les pernicieux effets de la cupidité : la cupidité et la morale
doivent lutter éternellement, le bien de la société dépend de l'équilibre du combat : la morale seule, la
morale stoïcienne convertirait l'homme en une masse
inerte qu'il serait impossible de mettre en action ; la
cupidité sans morale anéantirait la société sous le poids
de ses crimes. La nature ne fait que des mixtes, la cupidité et les autres passions sont la bile du corps politique ; Plutarque les compare aux vents, sans lesquels
un vaisseau ne peut avancer. Je sais bien que les vents
produisent quelquefois la tempête ; mais quel est le
navigateur qui pour cela en desire la destruction

Le cultivateur, le négociant, l'artiste, par l'effet de
la cupidité nourrit, enrichit, embellit la société; le
philosophe moral, par ses maximes de sagesse expéri-
mentale, inspire, non pas la haine pour les riches,

mais l'indifférence pour les richesses et le mépris pour le faux éclat de l'opulence. Le Législateur accorde sa protection aux richesses et son estime au philosophe ; il méprise trop les vaines jouissances du luxe pour les ravir à ceux qui en ont l'habitude ; il estime trop la vertu pour corrompre par les faveurs toujours contagieuses de la fortune, ceux qui vivent dans l'innocente médiocrité,

Dixième conséquence. Un réformateur qui, parcourant la société, s'offense d'y rencontrer de grandes fortunes à côté des petites, devrait bien aussi s'offenser de rencontrer un homme grand à côté d'un petit ; un fort à côté d'un faible ; un jeune à côté d'un vieux ; un homme industrieux et intelligent à côté d'un homme mal-adroit et stupide : il y a même une observation très-juste qui rend ces dernières inégalités plus insupportables que la première ; car enfin la fortune n'établit pas une différence réelle parmi les hommes ; avec des mœurs et un peu de sens, on trouve plus de bonheur, plus de vraie richesse dans la médiocrité que dans l'opulence ; la fortune ne doit être regardée par la vraie philosophie, que comme une source féconde d'inquiétudes, de chagrins et de corruption. Mais la supériorité de force, d'industrie, de talens établit une différence réelle entre un homme et un autre : tu as plus de talens que moi ; je ne puis empêcher la considération de se diriger vers toi : je suis condamné à l'obscurité et à l'oubli, parce que tous les regards sont fixés sur toi ; ta gloire est le principe de ma confusion ; je suis humilié dès que tu t'élève au-dessus d'emoi. Si le faux éclat de l'opulence fait ressortir la médiocrité de ma fortune, je me dédommage de cette apparente inégalité par le secret plaisir de mépriser le riche orgueilleux, et de censurer ses vices ; mais un homme qui a une supériorité éminente de mérite et de talens, ne me laisse point la faculté de prendre ce dédommagement ; je suis donc réellement au dessous de celui-ci ; j'ai donc, par mon titre d'égalité naturelle, plus de droit de demander la suppression de toute inégalité de talens, de vertus, de mérite, que de demander la suppression de l'inégalité des fortunes. Je veux que ma Patrie imite la République des Ephésiens, qui, au rapport de Cicéron, bannissait de son territoire ceux qui osaient avoir plus de mérite que leurs concitoyens : *nemo de nobis altiùs excellat....* *Défendu à qui que ce soit de valoir mieux qu'un autre.* C'est pour avoir violé cette défense que le Philosophe Hermodore fut envoyé en exil.

Une république qui chasse les hommes de mérite fait pitié ; mais une République qui les tue, fait horreur.

Pour effacer l'inégalité que la fortune pourrait introduire parmi les hommes, le moyen unique est de ne donner aux richesses aucune importance morale, d'empêcher l'estime publique de prendre son cours vers elle, d'empêcher le mépris et la confusion de s'attacher à la médiocrité. Mais pour enlever aux richesses l'estime publique ; il faut la consacrer toute aux talens et à la vertu ; c'est une vérité incontestable, que le luxe et l'opulence n'acquièrent en considération que ce que perdent le talent utile et la vertu ; portez ceux-ci au plus haut degré possible de véné-

ration, vous faites rétrograder les autres pour atteindre
le dernier degré d'indifférence. Or la possession de
choses indifférentes ne peut établir une inégalité humiliante, &c.

« Dans tous les temps, les hommes ont affecté l'é-
talage de leurs richesses, soit parce que dans l'origine elles ont été le prix de la force, et le signe du
pouvoir; soit parce qu'elles ont obtenu par-tout la
considération due aux talens et aux vertus «. Raynal;
tom. 5, p. 14.

Donc ces réformateurs fanatiques qui veulent commencer la régénération des mœurs, en commandant
brusquement un mépris profond pour les richesses et
une haine violente contre les riches, n'ont pas la plus
légère connoissance du cœur humain. On ne méprise
un objet que par la comparaison avec celui qu'on estime. L'estime est un sentiment positif qui précède
nécessairement le sentiment purement négatif du mépris. Estimez le talent, estimez la vertu, vous mépri-
sez par là même tout ce qui n'est ni talent, ni vertu.
Donc une fortune, qui n'est pas acquise par le talent et qui n'est pas employée par la vertu, sera méprisable.

Après avoir établi les principes par des démonstrations directes, il est facile de résoudre les difficultés
par lesquelles les esprits faux essaient de les combattre.

Première objection. L'inégalité, me dira-t-on, qui
résulte de la force, de l'industrie, de la sagacité, est
créée par la nature elle-même, dès lors elle est indestructible ; il est physiquement impossible d'enlever la

talent à ceux qui en ont pour le partager avec ceux qui en manquent, au lieu qu'il est aisé de saisir les richesses et d'en faire une répartition égale. S'il appartenait à la société de distribuer à chacun de ses membres son contingent de forces, de talents, de bonheur, elle serait injuste ; elle serait tyrannique, si, par l'effet de quelque prédilection, elle s'écartait, dans la distribution, d'une mesure unique et égale pour tous ; mais les facultés physiques et intellectuelles de l'homme, sont l'ouvrage de son créateur ; leurs développemens dépendent d'une infinité de hazards qui ne peuvent être les mêmes pour tous ; donc l'inégalité qui en résulte, est physiquement inévitable, et ne peut être pour la constitution sociale un sujet de reproches. Il n'en est pas de même des richesses ; la nature fait naître les hommes sans propriété ; et en leur donnant des besoins égaux, elle leur a aussi donné des droits égaux aux fruits de la terre ; par conséquent la société seconde les intentions de la nature en maintenant l'égalité de fortune et en respectant l'inégalité de talens.

Rép. Cette objection est une de celles qui prouvent combien il est dangereux de n'atteindre que l'extrême superficie des principes du droit naturel, ou de ne les méditer que dans le dessein de les combattre ou de les pervertir en les adaptant à un système préalablement conçu et arrangé.

1°. La nature assure à chaque individu le droit de satisfaire les besoins auxquels il est assujetti par elle ; les besoins sont la mesure exacte des droits naturels ; chacun a imprescriptiblement le droit de subsister ; mais quand les premiers besoins sont satisfaits, la na-

ture ne promet et ne garantit plus rien ; avec la nécessité finit le droit naturel ; le superflu ne peut être atteint par un droit qui n'a de fondement que dans le
besoin. Tout homme suffisamment pourvu, invoque-
rait donc inutilement la nature pour appuyer ses prétentions au partage du superflu que possède son voisin ;
et en supposant que celui-ci n'ait sur l'excédent comparatif de sa fortune, d'autre droit que celui que donne
le hasard d'une découverte, une première appropriation ; la balance panche de son côté, et la justice veut.
qu'il soit maintenu dans la possession tranquille de son
superflu. Je ne fais que répéter ce qui a été dit, en développant le second principe fondamental de l'association
politique.

2°. Puisque notre raisonneur veut bien pardonner à
l'inégalité de force, d'industrie, de sagacité ; puisqu'il
se permet à lui-même d'avoir plus d'esprit, plus de
raison, plus de génie que n'en a la multitude, il faut
qu'il porte la générosité jusqu'à faire grace à l'inégalité de fortunes, si celle-ci est une suite inséparable de
l'autre.

Or remontons à l'origine des choses. En supposant que
les premiers partages viennent de s'exécuter, que chacun des membres de l'association est également doté,
le plus fort cultivera une plus grande portion ou cultivera
mieux la sienne ; le plus industrieux inventera des procédés commodes et abbréviatifs ; l'homme faible ou
inepte sacrifiera une partie de sa possession ou de son
revenu, pour s'associer la force de l'un ou pour acquérir la science et l'industrie de l'autre ; donc on attachera
nécessairement du prix à la supériorité de force et

d'adresse; par conséquent le plus fort et le plus adroit seront, tout en commençant, les plus riches. Voilà un pas nécessaire vers l'inégalité de fortune; mais si ce premier pas est permis, le second ne peut être un crime; si, sans offenser le droit de nature, un homme peut être une fois plus riche qu'un autre, il peut le devenir cent fois, mille fois, sans l'offenser d'avantage. Il ne s'agit point ici de tergiverser, il faut, ou exiger une égalité de fortune rigoureuse et géométrique, ou, si on permet l'inégalité, il faut ne lui prescrire d'autre terme que celui que la nature morale a fixé elle-même. *Une fortune devient coupable; elle devient contraire au droit naturel, lorsque ses excroissances se forment aux dépens des premiers besoins ou de la possession antérieure de quelque individu:* hors ce cas, la fortune n'est qu'indifférente ou ridicule.

Qu'est-ce en effet que la fortune? C'est la possession des moyens de rassasier les besoins de la nature de plusieurs manières; cette variété, dans les manières de satisfaire les besoins naturels, se nomme goûts, caprices, &c. Par exemple, un homme a la faculté de se nourrir, de se vêtir, de se loger de cent manières différentes, il est riche: un homme n'a qu'un moyen de se nourrir, de se vêtir, de se loger, il est pauvre. Il est bien clair que la nature ne permet pas à un homme la pluralité des moyens de se nourrir, de se vêtir, de se loger, avant qu'il n'en soit attribué un à tous les autres; mais dès que tous les individus sont pourvus du moyen nécessaire, si quelqu'un ajoute au sien un, deux ou trois autres moyens, la nature ne s'en mêle pas; elle ne s'occupe point des goûts artificiels, parce que ce n'est point elle qui les a créés.

Donc la différence de fortune ne contrarie la nature, ni dans le droit à la propriété qu'elle donne, ni dans l'égalité à laquelle elle destine tous les hommes; c'est donc sous un autre aspect que le réformateur doit envisager cette inégalité, c'est dans ses rapports avec le bonheur public et la morale sociale. Ce nouveau point de vue fournit un autre objection qui, au fond, est la seule que le philosophe puisse proposer avec honneur, et que le législateur doive peser avec une sage maturité.

Seconde objection. Les richesses corrompent les hommes; elles pervertissent la morale publique; ces Syrennes enchanteresses attirent à elles la considération en lui faisant perdre sa véritable destination; elles disposent l'homme à la bassesse et à la servitude; elles fatiguent la multitude par leur faux éclat, et déchirent son cœur par la jalousie qui les suit : le pauvre, au milieu des riches, éprouve le tourment de Tantale qui, au milieu d'un fleuve, ne peut soulager la soif qui le presse. Donc les richesses sont capitalement funestes à la morale et à la félicité du genre humain.

Rép. Si cette difficulté a son principe dans une sensibilité profonde, dans une vraie philantropie, il est trop louable d'en sentir toute la force, pour que j'essaie de la déguiser; mais je ne serai pas assez mal adroit pour attribuer cette honorable objection aux agitateurs féroces ou aux adulateurs stupides d'un vulgaire insensé; cette vermine politique, née de la fermentation des vices ou du croupissement des abus, imprime à tous les objets qu'elle touche le sceau de la

corruption et de l'opprobre. Si les raisonnemens des
corrupteurs du peuple sont quelquefois spécieux, ils sont
toujours criminels dans leur principe et dans leur fin.
Le bien général, l'amour du genre humain, sont des
motifs trop sublimes pour entrer dans le cœur fougeux
de ces êtres substantiellement pervers, qui ne cherchent que des prétextes astucieux, des maximes perfides pour déshonter l'esprit de domination qui les possède, l'ambition qui les dévore, la basse jalousie qui
les tourmente. Ces détestables hypocrites n'invoquent
le plus vaste, le plus noble sentiment de la nature que
pour en emprunter le masque et cacher la physiono-
mie hideuse du crime : celui-là a atteint le dernier
degré d'iniquité et de scélératesse; celui-là possède
tous les secrets de la malice infernale, qui ne frémit
plus, lorsque, par une profanation sacrilège, il ose
couvrir le vice du manteau de la vertu. Lorsqu'on
voit la perfidie usurper audacieusement les livrées de
l'innocence, l'homme honnête se demande à lui-
même, si la vertu n'est qu'un mot? s'il existe une
providence protectrice de l'ordre social? Oui, sans
doute, la vertu est une chose sainte et sacrée; il
existe une providence lente, mais terrible dans ses
vengeances; elle éclate toujours lorsque les maux sont
extrêmes; encore un moment, et la foudre va déchi-
rer le voile imposteur qui dérobe aux yeux de la multitude le bourbier infect dans lequel se vautrent et
s'agitent ses corrupteurs (1).

_____

(1) La foudre a déjà éclaté le 10 Thermidor, jour mémorable
où le chef de la plus odieuse et de la plus absurde tyrannie qu

1°. Si je permettais au factieux de s'emparer de l'objection que je me suis proposé, il en concluerait bien vîte la nécessité de partager également les fortunes, car il faut bien qu'il entretienne ses dupes par des promesses ou par des flatteries aussi grossières qu'humiliantes. Cependant il n'y a qu'une avidité impatiente, qu'un égoïsme stupide, qui puisse trouver une semblable conclusion dans les principes de la difficulté : en effet, si l'objection a une force démonstrative, il faut en conclure, non pas le partage, mais l'anéantissement des fortunes, et défendre très-sévèrement à tout individu d'acquérir quelque chose au-delà du strict nécessaire; partager les richesses, ce serait partager la corruption et le malheur; ce serait enseigner que le bonheur se règle sur la fortune; or cette maxime est évidemment destructive de toute morale, donc l'objection bien saisie ne peut s'adapter aux ignobles calculs du factieux, du désorganisateur.

2°. Puisque je ne raisonne plus qu'avec des hommes droits qui cherchent, dans la sincérité de leur cœur, des institutions qui, sans s'écarter de la justice éternelle, sans heurter l'expérience des siècles, sans dédaigner les leçons du génie, puissent épurer les mœurs nationales et opérer le bonheur public : la discussion ne sera ni amère, ni opiniâtre, elle est presque terminée lorsqu'on en a fixé l'objet avec précision.

Il est bien évident que l'objection peut être également dirigée contre les sciences et les arts, contre

ait jamais desolé le monde, • té accablé sous le poids des malédictions universelles.

la liberté et l'égalité politique, et même contre les besoins premiers de la nature; car on ne peut disconvenir que les sciences et les arts n'aient, par une influence accidentelle, augmenté, sous certains rapports, la dépravation et le malheur du genre-humain : on ne peut disconvenir que la liberté et l'égalité ne donnent lieu à des exagérations absurdes et infiniment pernicieuses à la société; on ne peut disconvenir que le sentiment de la faim et de la soif ne dégénère quelquefois en passions ignominieuses. Faut-il donc abolir la propriété pour se soustraire aux inconvéniens des richesses? Faut-il se plonger dans les ténèbres de l'ignorance et de la barbarie, pour se soustraire aux inconvéniens des sciences et des arts? Faut-il s'assujettir au despotisme pour se soustraire aux excès de la liberté? Faut-il renoncer à la nourriture et à la boisson pour se soustraire à la gourmandise et à l'ivrognerie? Je réponds quatre fois non, par la raison qu'il ne faut pas tuer un malade pour le guérir. Le propriété est inévitablement nécessaire, nous l'avons démontré. Le seul point à examiner est donc compris dans la question suivante.

§. V.

Quels sont les moyens qui, sans nous priver des avantages nécessaires de la propriété, peuvent nous préserver de ses inconvéniens? Par quelles institutions peut-on enlever à la cupidité ce qu'elle a de funeste, sans lui ôter ce qu'elle a d'avantageux à la société?

La morale sociale ne présente pas de question plus

importante et plus digne des méditations philosophiques. Il y a deux sortes de moyens : les moyens
moraux ou de l'opinion, et les moyens physiques ou
de la violence. Une législation sage n'adopte que les
premiers ; mais, l'ignorance et la perfidie préfèrent les
autres, parce que la multitude s'enthousiasme pour
les procédés impétueux, et qu'elle est incapable d'apprécier tranquillement la force toute sentimentale des
moyens d'opinion. Nous allons comparer les uns et
les autres dans leurs rapports avec les principes, et
dans leurs effets, afin de nous mettre en état de juger
si l'utilité générale est toujours du côté de la justice
et des mœurs.

I.

Moyens d'opinion.

L'opinion publique peut avoir pour objet, ou des
choses scientifiques qui se raisonnent, qui se discutent,
ou des choses morales qui se sentent. Sous le premier
rapport, l'opinion pourrait être appellée *raison publi-*
que ; elle retient toute fois, selon l'acception commune, le titre d'opinion. Sous le second rapport, elle
prend le nom de *conscience*, des *mœurs nationales*.

Première partie. Il y a entre les hommes une ressemblance physique et une ressemblance morale : ces
deux ressemblances conservent entr'elles une analogie,
un parallellisme exact. La nature a donné à nos ames
les mêmes facultés intellectuelles, les mêmes sentimens moraux ; comme elle a donné à nos corps les mêmes membres et les mêmes organes. Les développemens et la détermination de ces facultés, de ces sens

'tant

tant intérieurs qu'extérieurs, dépendent d'une infinité de causes accidentelles et variables, qui ne peuvent être les mêmes pour toutes les portions collectives de l'espèce humaine, ni pour les individus : d'où il résulte qu'il existe entre tous les peuples, et entre tous les particuliers, des différences physiques et morales, dont la réunion forme l'organisation distinctive ou le caractère national et individuel. Ces différences se proportionnent toujours à la variété des causes qui les produisent. Jamais il n'a existé deux hommes dont la ressemblance corporelle fut parfaite ; on peut affirmer, avec plus d'assurance, qu'il n'en a jamais existé deux qui se ressemblassent exactement par leurs goûts, leurs desirs et leurs idées : car, outre les différences physiques qui produisent dans l'ame des différences analogues, la liberté seule pourrait en introduire d'autres encore. Il y a une infinité de dissemblances possibles ; la ressemblance au contraire est géométriquement une et indivisible ; il est donc infiniment vraisemblable qu'il ne résultera jamais deux combinaisons absolument pareilles du concours variable des causes visibles ou secrettes, libres ou nécessaires, immédiates ou éloignées, qui déterminent la forme des êtres.

Je ne crois pas pour cela, comme Leibnitz, que deux êtres parfaitement semblables soient impossibles ; assurément la puissance de l'Auteur suprême ne serait pas infinie, si on en retranchait le pouvoir de créer deux êtres sur le même modèle, et d'en régler les développemens par des causes invariables et uniformes.

Puisque la dissemblance des êtres est l'effet de la va-

E

riété des causes qui influent sur leurs formes morales
ou physiques, il suit que pour rapprocher les êtres de
la ressemblance, il faut diminuer la variété des causes
qui les modifient. Or, comme il y a une multitude de
ces causes déterminatrices, dont l'action ne peut être
ni arrêtée ni dirigée par des effets humains, comme
aussi il y a plusieurs de ces mêmes causes dont nous
pouvons, jusqu'à un certain point, calculer et diriger
l'influence; il faut en conclure tout-à-la-fois, et qu'il
est bien des dissemblances inévitables, et qu'il en est
d'autres aussi que nous pouvons éviter.

§ I. Est-il utile, et par quels procédés pourrait-on parvenir à donner aux membres individuels d'une nation
une similitude morale, une communauté de sentimens
et de principes pratiques, qui formerait le tempéramment politique et social de la nation?

Rép. Si on donnait à un peuple, si on donnait
au genre humain, unité d'idées, unité de desirs, unité
de jugement, unité de volontés; ce peuple, le genre
humain, présenterait le spectacle de l'harmonie la
plus parfaite, et jouirait du bonheur social le plus com-
plet. Car les rivalités, les jalousies, les haines, les
dissensions, les guerres qui agitent et tourmentent les
hommes, ne naissent que du défaut de cette unité.

Une législation qui produirait cette unité morale,
serait la plus belle législation du monde; elle offrirait
la réalité de l'âge d'or, tant célébré par les poëtes; elle
serait véritablement représentative. Car une constitution réellement représentative, est celle qui se conforme
aux idées vraies, aux desirs honnêtes, aux jugemens
justes, aux volontés sages de ceux qui y sont soumis;

et qui par une force inflexible, rectifie ou contient les affections contraires à la justice et à l'utilité commune. Ce n'est certainement pas une représentation physique ou numérique des corps et des personnes qu'on desire dans l'administration sociale, mais bien une représentation morale d'affections, de volontés. La représentation d'un Gouvernement ne dépend donc pas du mode de sa composition. Si tous les citoyens étaient appellés indistinctement à y concourir, et que le résultat de ce concours fût la tyrannie ou l'anarchie, le Gouvernement n'aurait pas de représentation; parce que la tyrannie ou l'anarchie, sous quelque forme qu'on les montre, ne peuvent être représentatives.

Mais, me dira-t-on, votre définition de législation représentative n'exprime pas une idée bien fixe et bien précise, car chacun abonde dans son propre sens, et croit son jugement juste, ses opinions utiles, ses affections honnêtes : comment, d'après cette disposition du cœur humain, donner de l'unanimité à la constitution ?

Je réponds qu'une constitution, pour être représentative, n'a pas besoin pour cela de représenter toutes les opinions privées, les desirs artificiels, les affections locales et capricieuses de tous les individus : pour obtenir cette représentation, il faudrait préalablement anéantir le monde et en recréer un autre. Mais une constitution, pour être rigoureusement et exactement représentative, doit représenter, sans interruption, les desirs, les volontés, les affections que la nature et la raison ont inspirés à tous les hommes en entrant dans l'association : il faut qu'elle exprime continuellement

E 2

l'exécution des clauses unanimes du pacte social. Or pourquoi les hommes se sont-ils associés, et quels avantages ont-ils unanimement voulu trouver dans la société? *Sûreté personnelle, sincérité dans la possession de la propriété et liberté individuelle ;* voilà l'objet immuable de la volonté générale. Un particulier peut bien désirer la mort ou la ruine d'un autre particulier; mais il est impossible qu'un peuple formant son pacte social, veuille qu'un seul de ses membres soit dépouillé, asservi ou tué injustement : ce simple exposé suffit pour faire comprendre comment la volonté générale est essentiellement indéfectible, et tend invariablement vers le bien commun; comment elle est la règle de la moralité des actions civiles; comment *la voix du peuple est la voix de Dieu.*

Donc la constitution la plus représentative, est celle qui garantit aux individus plus de sûreté personnelle, plus de sécurité dans la possession, plus de liberté individuelle, et à la communauté plus de tranquillité et de prospérité. Aristote n'admettait que deux sortes de Gouvernement, celui où la volonté générale était comptée pour tout, et celui où elle n'était comptée pour rien. Je ne sais si je m'abuse, je ne sais si c'est moi que l'esprit de vertige égare; mais je confesse que ces principes me paraissent aussi clairs, aussi irrésistibles que les élémens d'Euclide.

Ces principes sont la *pierre de touche* de toutes les constitutions de l'Univers; c'est par eux qu'il faut attaquer; c'est par leur force invincible qu'il faut renverser toute espèce de tyrannie, celle même qui se déguise sous des prétextes pompeux et sous des noms menson-

gers. Toute législation est essentiellement établie pour
le bonheur du peuple; si celui-ci est malheureux, il a
inviolablement le droit de se plaindre, et de demander
la réforme des institutions nuisibles au bien général.
Mais si un peuple jouit paisiblement du fruit de son
industrie, et des douceurs de la liberté individuelle;
s'il ne s'apperçoit pas du frein qui le contient; alors le
respect pour les institutions nationales est le plus saint
de ses devoirs. Ce seroit violer les droits sacrés de la
nature et de l'humanité, que de l'arracher aux avantages d'une subordination honorable et nécessaire, pour
le livrer aux agitations violentes, aux déchiremens
convulsifs d'une révolution inutile dans son principe,
et funeste dans ses affreux développemens; il sorait
atroce de jetter dans cette société la pomme de dis-
corde, en y faisant circuler les sophismes sanguinaires
d'une métaphysique antropophage. Ce n'est pas sur
des abstractions chimériques, mais sur leurs effets généraux, que doivent être jugés les Gouvernemens.

Lorsque parcourant l'histoire des vicissitudes humaines, le philosophe arrive au point où à des préjugés
succèdent des crimes, à des erreurs succèdent des calamités; s'il est assez ami de l'humanité pour lui sacrifier des systêmes conçus dans le délire de l'enthousiasme, il éteint son flambeau. Un aveugle à qui on
rendroit la vue, sous la condition de fixer perpétuel-
lement le soleil, ne tarderoit pas à redemander son
aveuglement, pour se soustraire à une lumière qui
l'accable.

Puisque le but nécessaire de toute association est de
garantir à tous ses membres la sûreté personnelle, la

propriété et la liberté individuelle; il faut, pour former la morale nationale, que ces trois choses soient religieusement enfermées dans l'arche d'alliance, et diriger vers cette arche sainte tout l'enthousiasme, tous les sentimens moraux, toute la vénération du peuple, Mais par quelles institutions peut-on inspirer à un peuple un respect profond pour la vie de chaque individu, et une grande horreur pour le meurtre ? Un respect profond pour la propriété d'autrui et une grande horreur pour le vol ? Un respect profond pour la liberté individuelle et une grande horreur pour les actes arbitraires, pour les loix personnelles et rétroactives, pour les injustices particulières, lors même qu'il n'en est pas la victime immédiate ?

Voilà incontestablement les questions les plus intéressantes de la législation; questions qui pour être complettement traitées, demandent des développemens et des détails volumineux, que j'ai essayé de comprendre dans un autre ouvrage intitulé : *Des institutions qui conviennent à un peuple libre* (1). Il me suffira ici

_____

(1) L'Ouvrage que j'indique a été perdu sous le règne de la terreur : je demande au lecteur la permission de lui raconter en peu de mots comment cela est arrivé, non pas pour lui inspirer des regrets sur l'objet de ma perte, mais pour lui inspirer du mépris pour ceux qui en sont les auteurs ; on ne saurait trop verser d'opprobre sur les absurdes coquins qui persécutaient les intentions et la pensée.

L'horreur de la tyrannie m'ayant fait quitter Paris , je me suis retiré chez un parent généreux, dans un village près Château-Thierry. Là , comme ailleurs , les lieutenans et les soldats d'Attila exercèrent leurs persécutions et leurs ravages. Il faut pourtant

d'indiquer les principales institutions, qui peuvent contribuer le plus efficacement à produire l'effet moral

---

convenir que la tyrannie qui pesait sur nous a, pendant quelque temps, laissé échapper la liberté intellectuelle; j'en ai profité pour écrire contre le despotisme. J'avais déjà beaucoup écrit, lorsqu'un mois environ avant le 9 Thermidor, au milieu de la nuit, deux Vandales se disant Administrateurs de District, accompagnés de vingt-quatre hussards et gendarmes viennent bloquer la maison où j'étais seul avec la maîtresse de la maison, dont le mari était absent, ses deux petits enfans et une domestique; les coups violemment frappés à la porte m'éveillent en sursault, j'ouvre ma croisée, on me somme d'ouvrir au nom de la loi; je me mets en mouvement pour obéir, lorsque, marchant à tâtons, je fais tomber quelques brochures dont la chûte se fait entendre au-dehors; aussi-tôt le Visi-goth, qui commandait l'armée de siège, crie à toute gorge qu'on cache des papiers. Ce cri me fit croire qu'on en voulait aux assignats ou aux écrits, je pris la précaution de cacher les uns et les autres, puis j'allai ouvrir. Je n'entreprendrai pas de peindre la brutalité des figures que j'ai vu entrer; mais ce que je dois dire, c'est que j'ai vu un officier de gendarmerie entrer le pistolet à la main dans la chambre d'une femme enceinte, et savourer les douceurs du régime de la terreur, en la faisant pénétrer à longs traits dans l'ame de la mère et des enfans, dont les larmes et les cris lui paraissaient la plus noble récompense de son énergique maratisme. Enfin, pendant plus de trois heures, on fouille infructueusement toute la maison, on développe un appareil longuement menaçant, sans nous dire ni pour quelle cause, ni par quelle autorité on était venu. Je ne savais qu'imaginer; je connaissais assez les chefs de l'expédition, pour savoir qu'ils auraient eu pour nous les égards de l'indulgence et de la commisération, si nous n'avions été accusés que d'avoir assassiné sur un grand chemin, ou d'avoir volé les fonds nationaux, ou démeublé quelque château d'Emigré; ce n'est que quelques jours après cette effrayante perquisition, que j'appris que nous avions été accusés d'être *probablement suspects d'avoir*

que nous cherchons : je laisse au lecteur le soin de les
approfondir par la méditation.

18. Dans les premières associations, les hommes
étant encore sous la direction immédiate de la nature,
il leur suffisait d'en écouter l'inspiration pour discerner
le bien et le mal, le juste et l'injuste. Mais la corruption sociale ayant affaibli progressivement la voix de la
nature, il fallait lui rendre, par les loix et les usages,
l'élévation et l'énergie qu'elle perdait par l'accroissement des passions ; il fallait créer une conscience commune, qui suppléât la conscience particulière ; il
fallait, par la force de l'opinion publique, faire naître
la honte et le remords dans l'ame qui ne sentait plus
le crime. Les loix, les usages civils ne sont donc que le
porte-voix de la nature morale : ce sont les canaux par
lesquels la mère commune du genre humain transmet
à tous ses enfans une instruction sainte et utile. Le législateur n'est que l'interprète de la raison et de la
vertu originelle ; nul ne peut remplir ces sublimes
fonctions, s'il n'est, par une grande force de génie, s'il
n'est par un sentiment énergique de dignité person-

recelé un homme soupçonné d'avoir voulu tuer Robespierre. Cependant les inquisiteurs n'ayant acquis aucune preuve du crime in-
tentionnel qui nous était imputé, je crus que nous n'avions plus
de visite à appréhender, je remets mes papiers sur mon secrétaire ;
mais la huitaine n'était pas écoulée, que, sur de nouveaux caprices, on envoya de nouveaux commissaires chargés de mettre en ar-
restation tous les hommes, et d'apposer les scellés sur tous les papiers qui se trouveraient dans la maison. On fut prévenu de cette
nouvelle visite, j'étais à Paris, les femmes qui restaient seules à la
maison, saisies de frayeur, brulèrent mes papiers.

nelle, élevé au-dessus des préjugés qui aveuglent les
esprits, et des passions qui dévorent les cœurs ordinaires. « Pour découvrir les meilleures règles de société Rousseau,
Contrat so-
cial.
qui conviennent aux nations, il faudrait une intelligence supérieure qui vît toutes les passions des hommes,
et qui n'en éprouvât aucune; qui n'eût aucun rapport
avec notre nature et qui la connût à fond, dont le bonheur fût indépendant de nous, et qui pourtant voulût
bien s'occuper du nôtre ; enfin qui, dans les progrès des
temps, se ménageant une gloire éloignée, pût travailler
dans un siècle et jouir dans un autre. Il faudrait des
Dieux pour donner des loix aux hommes. »

Si le législateur est jaloux, s'il est vindicatif, s'il
est ambitieux, s'il est avare, s'il est perfide, s'il est
flatteur, s'il est ignorant, s'il est sanguinaire, s'il est
débauché, s'il est habitué à l'ignominie ; peuple tremble! La lie de tous ces vices va obstruer les canaux de
la raison, en arrêtera la douce et salutaire influence;
et semblable à une plante qui ne reçoit plus les sucs
nourriciers de la terre, tu te dessécheras, tu te dissou-
dras par la putréfaction : le législateur est le père
moral du peuple ; si le père est pervers, son fils lui
ressemble. Si la calomnie, si la vengeance, si l'intérêt
privé, si le parjure, si la bouffonnerie, si l'impiété,
si le sacrilège président à la confection des lois ; tous
ces vices entreront dans le tempérament politique du
peuple, et consommeront sa dégradation.

Voulez-vous que la législation soit aussi respectable que la nature, faites qu'elle soit simple, majestueuse et immuable comme elle. La confusion,
l'obscurité des loix générales provoquent le mépris.

La législation sera majestueuse dans la personne des législateurs, dans les formes augustes, dans les combinaisons sages qui écartent du sanctuaire des loix l'enthousiasme, l'irréflexion, l'intrigue et les passions individuelles; dans les cérémonies imposantes et silencieuses qui en accompagneront la promulgation. Outre la décence extérieure de costume que je desire, et de conduite que j'exige dans le législateur, il faut sur-tout qu'il réunisse les conditions qui me garantissent son désintéressement, son amour de l'ordre et de la prospérité publique, et son attachement inviolable aux trois grands avantages sociaux.

L'immobilité, la vetusté sont des caractères qui commandent la vénération; la création d'une loi doit être lente et difficile; mais son abolition doit être plus difficile encore. Un Législateur Athénien avait ordonné que celui qui voudrait combattre une loi, paraîtrait devant le peuple, la corde au col, pour être étranglé, si ses raisonnements n'étaient pas universellement persuasifs.

Si j'avais le malheur d'habiter un pays dans lequel les institutions d'une année seraient détruites par celles de l'année suivante; dans lequel les décrets de la veille seraient abolis par celle du lendemain; dans lequel on ferait des loix avec la même légèreté qu'on ferait des charades et des logogriphes, je ne dissimule pas que je ne verrais dans le code de la législation qu'un recueil de pièces fugitives, destinées à éprouver la fortune de toutes les modes.

Je sais qu'il est possible de faire valoir en faveur d'une législation rédigée dans la précipitation et le

Draco.

tumulte, quelques rapprochemens assez spécieux pour
en imposer à ces idiôts, admirateurs nés de tous les
rapports bisarres, qui prennent l'étonnement pour la
conviction, une entithèse pour un argument : voici,
par exemple, ce que j'ai entendu dire quelque temps
après la polissonnerie du 31 Mai, par un homme qui
a acquis de la célébrité par la versatilité de ses opinions,
et sur-tout par sa merveilleuse facilité de composer
des raisonnemens à deux faces également utiles à tous
les partis : « C'est du haut du mont Sinaï que la loi fut
donnée aux Juifs; c'est au milieu des éclairs et du tonnère que Dieu se fit entendre; est-il donc étonnant que
ceux qui sont les interprètes de son éternelle sagesse
en empruntent le terrible langage ?... Les vapeurs qui
forment les nuages ne peuvent s'élever à la hauteur du
mont Olympe; son sommet est toujours serein, toujours pur; qui ne voit que l'Olympe est *la sainte
Montagne politique*, dont la sublime pointe est lan-
cée bien avant dans les régions inaccessibles aux
exhalaisons marécageuses de l'ignorance et des préjugés? &c. »

Voilà des comparaisons toujours éblouissantes pour
l'espèce d'hommes à qui on les adresse : ils auraient
également applaudi à l'enfantement allégorique de la
montagne, si on leur eût dit, qu'après de longues et de
pénibles convulsions, elle produisit une souris vertueuse
et patriote,

C'est sans doute, par des raisonnemens semblables
que Caligula fit parvenir son cheval aux honneurs du
consulat. Il n'est pas de paradoxe qu'on ne puisse établir par quelque comparaison métaphorique, par

quelque jeu de mots ; mais pour apprécier la force intrinsèque d'un argument entouré de finesses gramma-
ticales, il faut le décomposer et le réduire à sa plus
simple expression : faites maintenant subir cette opéra-
tion aux allégories de notre méprisable pédant, il vous
restera à conclure, en dernière analyse, que le tonnère
et les éclairs appartiennent à Dieu, comme le tocsin
et le canon d'allarme appartiennent souvent à des factieux ; que l'Olympe n'est pas dominé par des tribunes
qui crachent sur son sommet.

Si quelqu'imposteur entreprenoit de faire adopter le
mont *Etna* pour Législateur, il diroit à ses dupes, que
le courageux volcan lance sur eux les laves du bonheur, vomit les flammes du patriotisme et le bitume des
vertus sociales, les adorateurs extasiés du bienheureux
vomissement, se laisseroient sans doute, avec une humble résignation, exterminer, calciner aux pieds de leur
brûlante divinité. Après avoir vu un peuple nombreux,
éclairé, généreux, humain, courbé pendant plus d'un
an sous une tyrannie qui n'avait d'autre point d'appui
et d'autre régulateur, que les significations allégoriques
qu'il plaisait au dominateur d'affecter à une *montagne*
et à une *culotte*; je ne trouve plus rien d'incroyable
dans l'histoire des folies humaines. Si la nature a voulu,
pour rendre les tyrans plus odieux, qu'ils fussent t at-
à-la-fois les plus méchans et les plus extravagans des
hommes, profitons de la terrible leçon qu'elle nous a
donnée pour haïr par dessus tout le mensonge et l'injustice, par lesquels la servitude s'établit et se perpé-
tue. Juste ciel! si le parjure est un crime, tu puniras
les auteurs du plus horrible scandale qui ait jamais été

donné au monde ; tu poursuivras par la honte et le remords les misérables qui, après avoir organisé leurs sacrilèges complots, la [veille de la violation de leurs sermens, affectaient de les répéter avec une solemnité qu'ils avaient eu l'art infernal de rendre leur complice.

2°. La législation la plus parfaite par sa théorie, a besoin d'être soutenue par des dehors symboliques qui enchantent les sens, exaltent l'imagination et produisent cet enthousiasme d'obéissance sans lequel il ne peut exciter, et encore dans un très-petit nombre, qu'une admiration indolente et stérile. Les hommes se conduisent presque toujours par les impressions des sens, et presque jamais par les principes spéculatifs et par les raisonnemens ; il faut donc que dans l'extérieur des règles de la conduite civile, tout soit dramatique. C'est par les usages, par les monumens, par les fêtes, par les distinctions, par les récompenses publiques, par l'appareil des supplices, qu'on peut créer une estime et un opprobre national qui deviendront les deux régulateurs de la moralité publique."

Pour calculer avec plus de précision toute la force dont est susceptible ce double mobile des actions humaines, et pour le conserver dans sa juste direction, il est à propos de remonter à l'origine et à la destination immuable de la considération publique.

1°. C'est par la perfectibilité active que l'homme s'apperçut d'abord de la supériorité de son espèce ; il ne tarda pas à remarquer que lui et ses semblables avaient fait des progrès dans l'art de se défendre ou d'attaquer les bêtes féroces ; tandis que celles-ci étaient fixément

bornées au même genre, au même degré de force ou
d'industrie. L'attention qu'il fit sur ses progrès, lui ins-
pira le premier sentiment d'orgueil; il créa l'idée de
supériorité pour l'attribuer à son espèce; mais l'homme
ne s'en tint pas là : tel, en se comparant à un autre, se
trouva plus adroit, plus agile, plus fort que lui; il en
conçut de l'orgueil; il appropria à son individu la supériorité qu'il n'attribuait d'abord qu'à son espèce : cet
orgueil individuel fit naître l'envie, la jalousie et tous
les maux qu'entraînent ces passions. Le plus fort, le
plus adroit devint fier et insolent; le moins fort,
le moins adroit devint jaloux et calomniateur.
Les hommes supportent impatiemment qu'un individu
s'élève au dessus du niveau commun; si quelqu'un fait
sentir aux autres sa supériorité personnelle, il devient
leur oppresseur; ils ne lui pardonneront sa supériorité
qu'autant qu'ils en tireront eux-mêmes quelques avantages. Par exemple, ils seront bien aise d'avoir dans leur
bande le plus fort, le plus intrépide, le plus adroit;
voilà l'origine de l'orgueil national. Cette jalousie s'attache à toute espèce de supériorité exclusive, prouve
que l'égalité est dans notre nature; que faut-il donc
faire de la supériorité que diverses circonstances ont pu
faire acquérir à un individu? Il faut qu'il la répartisse
sur tous ceux avec qui il est associé, en la dirigeant
vers l'utilité générale; il faut, par exemple, que le
guerrier emploie ses talens pour défendre sa patrie;
que le philosophe emploie les siens pour l'éclairer, le
magistrat pour maintenir l'ordre, l'économiste pour
faire prospérer le commerce et les arts. Lorsque
la supériorité est ainsi dirigée, elle cesse d'être ty-

rannique, parce qu'elle devient commune en associant
tous les membres de la famille politique aux avantages
ou à la gloire qu'elle produit. Un peuple qui pros-
crirait cette espèce de supériorité, serait un peuple
flétri, un peuple sans dignité, sans honneur national.

Les développements variés des facultés individuelles
n'apporteraient à l'espèce entière que des avantages,
s'ils étaient toujours dirigés vers le but de l'utilité
commune; mais il est dans la fatalité de l'homme de
se corrompre en se perfectionnant; il se lassa bientôt
de faire hommage à toute la communauté de sa supériorité particulière; il voulut en jouir seul, il devint
égoïste : le plus habile chasseur ne voulut chasser
que pour lui; le plus fort guerrier ne voulut employer
ses forces que dans les périls qui lui étaient personnels;
les moins adroits, les plus faibles, sentirent le prix de
la force et de l'adresse des autres : pour en recueillir
les avantages, il fallut les acheter; ils créèrent une
monnoie d'opinion; ils inventèrent la considération;
on commença à regarder les autres et on voulut être
regardé soi-même; on apprécia l'estime publique, et
chacun s'efforça d'y participer.

Pour cet effet, on s'accoutuma à s'assembler devant
les cabannes ou autour d'un grand arbre; pour attirer
les regards de l'assemblée, l'un poussa un cri, l'autre
fit un geste; on chercha à varier agréablement ces cris
et ces gestes; le chant et la danse naquirent, ils devin-
rent l'amusement, ou plutôt l'occupation des hommes
et des femmes oisifs et attroupés. Celui qui chantait ou
qui dansait le mieux; le plus fort, le plus adroit; le plus

Rouss. D.
de l'inégalité
p. 130.

éloquent fut le plus considéré; et ça fut là le premier pas vers l'inégalité et vers le vice en même-temps. De ces premières préférences naquirent, d'un côté, la vanité et le mépris, et de l'autre, la honte et l'envie, et la fermentation causée par ces nouveaux levains, produisit enfin des composés funestes au bonheur et à l'innocence.

Sitôt que les hommes eurent commencé à s'apprécier mutuellement, et que l'idée de la considération fut formée dans leur esprit, chacun prétendit y avoir droit; on créa des titres imaginaires pour y aspirer, et chacun se tint offensé, lorsqu'on en manqua vis-à-vis de lui; voilà l'origine des distinctions les plus frivoles, et des vengeances particulières les plus atroces, même parmi les Sauvages.

C'est par la perfectibilité qui réside dans l'espèce humaine, que l'égalité, entre les espèces vivantes, a été rompue; c'est aussi par la perfectibilité qui réside dans les individus, que l'égalité individuelle a été détruite. La nature, en donnant à l'homme la faculté de se perfectionner, et en lui donnant une pente irrésistible vers le perfectionnement de ses facultés, a rendu l'inégalité inévitable. Si la nature avait voulu la permanence de l'égalité parfaite parmi les hommes, elle aurait dû leur refuser la perfectibilité, ou bien en régler les progrès d'une manière fixe et uniforme dans tous les individus, en présentant à tous les mêmes circonstances, les mêmes occasions, les mêmes hazards, et si elle ne l'a pas fait, il suit qu'elle autorise l'inégalité.

Quelle est l'inégalité que la nature autorise? L'espèce humaine ne devient supérieure aux autres que

par

par la perfection qu'elle reçoit; de même tel individu ne devient supérieur à un autre que par un plus grand accroissement de perfection; l'inégalité que la nature autorise est donc fondée sur l'inégalité de perfection.

Mais que doit-on entendre par perfection? C'est le développement des facultés naturelles dirigé vers son bonheur propre, si on est solitaire, ou vers le bonheur commun, si on est réuni en association quelconque. Il est bien aisé de voir que dans la vie solitaire, il n'y a pas de perfection qui puisse produire la supériorité, puisqu'il n'y a point de comparaison entre des individus qui n'ont aucun rapport d'association ou de concurrence. C'est donc uniquement parmi les hommes attroupés qu'il peut y avoir des perfections comparatives, et elles doivent être dirigées vers le bonheur commun, autrement elles ne sont que des vices; elles ne peuvent fournir un titre à la considération, à l'estime publique; l'idée de la considération fut inventée pour payer des services rendus à la communauté. Un filou, un assassin, un calomniateur peut avoir des facultés très-développées, mais il n'a pas de perfections. Donc toute inégalité, toute supériorité, toute distinction doit être dirigée vers l'utilité commune et fondée sur elle; toute autre espèce de distinctions est contraire au vœu de la nature, à la direction essentielle de l'estime publique.

Ce principe est la pierre de touche qui s'applique à toutes les distinctions sociales pour en sonder les fondemens; l'utilité commune est le Juge suprême au tribunal duquel il faut citer toutes les inégalités du

F

régime politique ; l'utilité générale doit être placée à la porte de toute société, pour n'y laisser entrer que les distinctions qui sont marquées de son sceau.

Il peut y avoir dans la société des individus d'un talent supérieur, mais qui ne font servir leur supériorité qu'à eux-mêmes, ou qui la rendent inutile ; ce sont des individus qui s'isolent et qui rentrent dans le cas de la solitude pour laquelle il n'y a point de distinctions. On ne mérite pas l'estime publique par les services qu'on pourrait rendre, mais par ceux qu'on rend à la communauté. On ne peut, sous prétexte de modestie ou d'amour pour l'égalité, enfouir des talens qui pourraient être précieux à la société. L'homme, dans toute association, combine son bonheur propre avec celui de ses co-associés, il se dévoue à l'utilité commune, il ne s'associe pas pour vivre dans l'égoïsme ; s'il profite de l'industrie, de la force des autres, sans porter au dépôt commun son industrie, sa force particulière, il est injuste, il viole le pacte social.

On voit maintenant comment il faut procéder à l'examen des distinctions civiles ou morales qu'il est expédient de créer, d'abolir ou de réformer. Si cet examen pouvait s'exécuter avec impartialité, il conduirait à-peu-près toutes les nations à des résultats semblables ; mais je sais combien est chimérique la supposition qui place l'homme, sur-tout l'homme révolutionnaire, hors de l'influence des passions injustes ; il faut donc s'attendre à voir, dans les temps de révolution, bien des violations de principes, toujours pourtant colorées par de grands prétextes. On peut enfreindre les prin-

cipes, soit en les repoussant directement, soit en les
exagérant monstrueusement. C'est toujours la méthode
de l'exagération que les intrigans emploient dans les
révolutions démocratiques. Le peuple devient le vil
jouet de la flatterie, et la victime du grossier orgueil
qu'elle lui inspire; on l'arme d'un mot exterminateur
avec lequel il attaque à tort et à travers, et renverse
toute dignité, tout honneur et toute supériorité; c'est
un aveugle à qui on donne un bâton pour frapper dans
la foule un particulier qui l'a insulté. On lui persuade
que, pour abolir les privilèges et les distinctions héréditaires, il faut effacer l'infamie du vice, et placer
sous le même niveau la lâcheté et le courage, le parjure et la vérité, la calomnie et la bienveillance; que,
pour maintenir l'égalité civile, il faut anéantir la subordination sociale; que, pour être libre, il faut dé-
grader toutes les autorités, avilir les fonctionnaires publics, en les obligeant de pratiquer une familiarité
honteuse, et de prendre pour les signes de la frater-
nité, la grossièreté du langage, la bassesse des goûts,
et la réciprocité de l'ignominie.

Un philosophe a dit qu'il n'y a pas de héros pour son
valet-de-chambre. Si ce mot, appuyé sur l'expérience
universelle, est vrai, il faut aussi conclure qu'il n'y
a pas de gouvernement pour un peuple qui se familia-
rise avec ses magistrats, au point de les traiter comme
ses très-humbles valets.

Dès que l'idée de la considération fut formée parmi
les hommes réunis, ce devint un besoin pour chacun
d'eux d'y aspirer; l'opprobre et le mépris public devin-
rent un supplice insupportable. Puisque toute associa-

tion produit infailliblement dans chaque associé le besoin de l'estime publique ; elle doit lui garantir imprescriptiblement le droit d'y prétendre ; car le droit de satisfaire un besoin est aussi inviolable que celui-ci est impérieux et indestructible : or on ne peut prétendre à l'estime publique que par des services rendus à la société ; tout individu a donc le droit inaliénable de diriger le développement de ses facultés , l'exercice de de ses talens vers l'utilité commune : donc tous les priviléges exclusifs , tous les monopoles qui arrêtent ou qui entravent les progrès de l'industrie honnête, sont tyranniques.

De ce que nous avons dit sur l'estime , il suit par une raison contraire qu'on n'encourre le mépris et la haine publique qu'en dirigeant ses facultés et ses talens contre l'utilité générale , comme fait un voleur , un assassin , un calomniateur , &c.; c'est donc injustement que le mépris tomberait sur des relations étrangères aux qualités libres , et personnelles : c'est une tyrannie d'opinions de mépriser des professions utiles par la seule considération que leurs produits sont minces ; c'est un horrible abus du mépris que de lui donner pour objet l'indigence honnête ; si le pauvre est privé des biens de la fortune , sa tranquille résignation lui donne le droit de participer aux biens de l'opinion. Le riche insolent, en laissant tomber son dédain sur le pauvre, l'attaque dans ses premiers droits; et celui-ci, à titre de justes représailles , serait autorisé à attaquer le riche dans son opulence. C'est profaner la considération que de la mesurer sur l'élégance de l'habit , sur la richesse de l'équipage , sur la magnificence de l'habitation , &c.

CONCLUSION.

La considération, la vraie gloire, est le premier trésor des sociétés; si les hommes n'en avoient jamais inventé d'autres, ils auroient toujours conservé parmi eux l'innocence et le bonheur : il falloit confier la garde de ce trésor à la justice et à la raison. L'estime et le mépris publics doivent être les grands moteurs de la vie sociale. Plus le besoin de l'estime et la crainte de l'infamie seront impérieux chez un peuple, plus il y aura de vertus : toutes les institutions sociales doivent avoir pour but de rendre l'estime publique nécessaire et le mépris intolérable; mais il faut en même temps en maintenir la pureté. Les préjugés, les passions sont autant de faux monnoyeurs, assidument occupés à contrefaire la monnoie de l'opinion : ils corrompent les élémens dont se forme la considération générale; ils changent sa destination essentielle, en la dirigeant vers des objets inutiles, ou frivoles, ou nuisibles; il faut les marquer du fer chaud de l'ignominie. Pour purifier la considération publique, il faut remonter jusqu'à sa première source, puis, à mesure qu'on descend, en écarter les ruisseaux corrompus de l'égoïsme. L'estime fut créée pour payer un service; ce sentiment doit donc dans son intensité se graduer sur l'importance et le nombre des services rendus à la chose publique.

On peut trouver dans le mépris public un puissant supplément aux institutions civiles; le glaive de la loi ne peut atteindre tous les abus, c'est à l'opinion à les poursuivre. Par exemple, la société, pour le bien pu-

blic garantit indéfiniment le droit de propriété, mais
celui qui en abuse pour entasser les produits d'une
fortune immense, pour enfouir des richesses qui seraient utiles dans la circulation, doit être réputé infâme. La loi garantit sagement la liberté du commerce ; mais celui qui en abuse pour se livrer à des spéculations funestes, pour faire supporter, par ses
accaparemens exorbitans, de cruelles privations à ses
concitoyens, doit être réputé infâme. La loi garantit
la liberté de parler et d'écrire ; mais celui qui en
abuse pour empoisonner l'opinion publique, pour
renverser l'ordre, calomnier la justice et la vertu,
doit être réputé infâme.

La moralité de l'opinion publique aura atteint son
plus haut dégré de force et de pureté, lorsque par
son influence, chaque membre de la société rappor-
tera à l'utilité générale sa supériorité individuelle :
alors l'esprit public sera crée ; chacun dans ses fonctions, dans son état, voudra élever sa nation au-dessus
des autres ; chacun s'efforcera de contribuer à la gloire,
à la prospérité de son pays.

La patrie n'est pas un vain nom ; la patrie est florissante lorsque l'estime publique absorbe tous les amours
propres, les purifie par l'amalgame, et les ennoblit par
une destination commune.

Demosthene dit dans Fontenelle : « j'aimais le bien
public et la liberté de la Grèce ; mais, je l'avoue, je
m'aimais encore plus moi-même, et j'é ais fort sensible au plaisir de recevoir une couronne en plein
théâtre ; et de laisser ma statue dans une place publique, avec une belle inscription ». Demosthene avait

raison ; car un homme qui ne s'aimerait pas, n'aimerait
rien dans le monde; et celui qui aimerait la communauté avant de rien sentir pour soi, serait un être qui,
débarrassé de son essence, pourrait se livrer tranquillement à l'amour ou à la haine des abstractions.

Les loix coercitives ne deviennent nécessaires qu'à
mesure que la conscience générale se dégrade et s'affai-
blit; un peuple ne peut devenir libre que par la régénération de l'opinion et l'épurement des mœurs, comme
il devient esclave par la corruption : la dose de liberté
politique qui convient à un peuple se proportionne toujours exactement à la droiture de l'opinion et à la pureté des mœurs publiques; si la liberté excède cette
mesure, l'excédent se convertit en licence et en anarchie, dont les premiers effets seront d'effacer ce qui
restait de moralité dans l'opinion, et de profaner tout
ce qu'elle avait de plus sacré, pour attirer l'enthousiasme et l'intolérance de la multitude vers une idole
féroce et sanguinaire, ennemie de l'homme, ennemie
de Dieu, ennemie de la nature entière. Le Culte fanatique de cette divinité antropophage s'appuie sur deux
dogmes mystérieux et perfides, exprimés par deux
mots magiques que ses prêtres comprennent peu,
et qu'ils n'expliquent point à leurs croyans, afin de
tenir continuellement leur imagination dans cet état
d'effervescence et d'exaltation qui les rend très-docile-
ment flexibles aux convulsions, aux déchiremens politiques qui honorent le monstre. Si le peuple est idolâtre
par sa nature? Eh bien qu'il préfère l'idole la moins
altérée de sang ! qu'il adore *Moloch*, il suffira, pour
se le rendre propice, de lui immoler quelques enfans

Jamais les Payens n'ont encensé de Dieu qui demandât un auto-da-fé de plusieurs millions d'hommes.

Seconde Partie. Lorsque l'opinion a pour objet des choses scientifiques, elle n'appartient plus à la conscience, à la morale nationale ; mais elle s'appelle philosophie ou raison publique. Les connoissances scientifiques sont ou purement spéculatives, c'est-à-dire, étrangères au régime politique de la société ; ou pratiques, c'est-à-dire, qu'elles peuvent s'adapter à l'administration sociale.

1°. Les connoissances astronomiques, par exemple, sont de la première espèce : pour celles-ci il est incontestable que l'opinion publique ne se compose que des suffrages du petit nombre des savans qui se sont particulièrement livrés à l'étude des astres. On interrogerait inutilement la multitude sur le mouvement rétrograde des étoiles fixes, sur la démonstration des loix de Kleper ; elle répondrait qu'elle ne se mêle point de juger les choses qui surpassent l'intelligence naturelle. Si cependant elle étoit obligée de donner un avis, il est évident qu'elle ne pourrait exprimer que celui d'un autre, ou qu'elle se déciderait par *croix ou pile* ; dans l'un ou l'autre cas, son suffrage ne serait pas un acte scientifique, il ne serait pas même un doute ; ce ne pourrait donc être une opinion ; ce serait un acte purement mécanique, qui n'aurait par lui-même pas plus d'importance que l'assentiment d'un perroquet.

2°. Les connoissances pratiques sont celles qui se rapportent à la législation et à l'administration civile ; elles font l'objet de la science du droit public et de l'économie politique. Or cette science n'est pas moins difficile que celle de l'astronomie ; car outre la sagacité, la méditation, l'instruction, la droiture de sens nécessaire pour saisir tout l'ensemble d'une nation, pour atteindre les rapports très-compliqués et prévoir les résultats des institutions politiques, pour profiter de l'expérience des générations passées, en y faisant les justes déductions que comporte la différence des circonstances ; il faut encore convenir que l'étude de la législation, et de l'administration civile est plus fortement entravée par les préjugés et les passions, que celle des connoissances spéculatives. Il y a encore une difficulté particulière aux connoissances morales et politiques, c'est qu'elles peuvent être saisies et pratiquées de plusieurs manières différentes ; c'est qu'elles présentent presqu'à tous les hommes des côtés divers; c'est que les institutions les plus vicieuses sont souvent revêtues de la plus grande vraisemblance ; au lieu que les vérités mathématiques consistent en un point simple et indivisible qu'on comprend bien ou qu'on ne comprend point du tout. Donc la science de la législation, de l'administration générale, demande des qualités dont la réunion est plus difficile et plus rare que pour les sciences spéculatives ; donc sur la constitution d'une nation, sur l'économie politique, les suffrages doivent être comptés avec autant de réserve et de discrétion que sur l'astronomie. J'applique ce raisonnement à un exemple.

Quelle est la constitution, quelle est la forme de gouvernement qui convient le mieux à un peuple, en égard à sa situation diplomatique et géographique, eu égard à la richesse de son sol et de son commerce,

en égard à l'immensité de sa population, eu égard
sur-tout à son caractère et à ses mœurs ? Je ne crois
pas que les sciences spéculatives présentent beaucoup
de questions plus difficiles à résoudre que celles-ci. Pour
moi je déclare que je me chargerais plutôt de mettre
le paysan en état d'expliquer le système de Copernic,
que de prononcer sciemment sur cette question politique.

Mais d'où vient donc que la multitude a moins de
modestie sur les matières de législation que sur les
vérités mathématiques? D'où vient que tout le monde,
sans oser juger celles-ci, prononce intrépidement sur
les premières ?

Voici l'explication de cette différence. Les objets de
législation ou d'économie publique ont , avec l'intérêt
propre de chaque particulier, des rapports immédiats
que n'ont pas les vérités mathématiques; c'est toujours
ce premier rapport que saisit la multitude ; il lui présente un apperçu séduisant, au-delà duquel elle ne
pénètre jamais. Supposons, par exemple, qu'on demande au peuple s'il serait utile de convertir toutes
les pierres en or ? La réponse affirmative éblouirait la
très-grande partie; tous ceux qui n'approfondissent
rien s'imagineraient par ce changement devoir nager
dans l'abondance ; ce premier aspect leur inspire un
desir, mais ne leur donne pas une opinion ; il excite
en eux un mouvement, mais il ne produit pas la conviction : ce mouvement est semblable à celui qu'opère
dans un famélique la vûe d'une table chargée de mets.
Ce mouvement mécanique n'est ni une opinion, ni un
acte de raison , ni une règle de justice ; souvent même

l'éxécution de ce désir irréfléchi serait contraire à la raison, à la justice, à notre véritable intérêt. La vue d'une très-belle femme peut bien exciter dans ceux qui l'apperçoivent, un mouvement de convoitise, en conolurez-vous que cette femme doit leur appartenir? Dans ce mouvement sensible, qui ne diffère point de l'instinct de la brute, je ne vois rien qui ressemble à l'opinion, rien qui ressemble à la raison.

J'ajoute encore un exemple pour rendre plus palpable la distinction qu'il faut faire entre le desir de la multitude et l'opinion publique. Qu'on demande s'il est utile de taxer le prix du blé? Tous ceux de la multitude qui ne vendent pas de blé, qui ne savent pas même comment il pousse, saisissent dans cette question les rapports qui leur sont favorables; ils trouvent l'avantage du moment à manger le pain à meilleur compte ; ils demandent impérieusement la taxe : voilà l'expression de leur desir, l'expression de leur intérêt privé, l'expression de leur appétit : mais encore une fois, il n'entre dans l'expression de ce vœu purement animal, ni intelligence, ni réflexion, ni sentiment moral. Voulez-vous maintenant entendre raisonner sur la même question ? Voulez-vous recueillir une opinion sage et éclairée? Consultez l'économiste studieux et impartial, accoutumé à combiner les intérêts privés avec l'utilité générale ; accoutumé à n'appercevoir dans ses spéculations que l'unité du genre humain, ou l'unité et la perpétuité d'une nation : mais si l'érudition et le talent vous sont suspects, consultez celui que l'expérience et le besoin ont mieux instruits que les livres et l'étude; consultez le cultivateur, il vous

fera sentir très - éloquemment toute l'injustice qu'il
y aurait à fixer le prix du blé, sans fixer celui de tous
les objets nécessaires à la culture ; il vous prouvera par
des comparaisons pleines de naïveté et de force, que
la rareté du blé est la mesure naturelle de son prix ;
qu'il doit suivre la proportion des autres denrées commerciales, ou qu'il faut abandonner la charrue : et le
chapelier, le cordonnier, la blanchisseuse de Paris qui
ne raisonnent pas sur l'article du blé, raisonneraient à
leur tour fort bien contre la taxe exclusive qui, sans
fixer le prix des matières premières, fixerait celui d'un
chapeau, d'une paire de soulier, d'un blanchissage de
chemise. D'où je conclus que, sur les choses d'économie
politique, l'opinion publique, se compose de l'assentiment du petit nombre de savans qui en ont fait l'objet
de leurs longues et profondes méditations, et de ceux
qu'une expérience journalière, qu'un intérêt particulier a mis dans la nécessité de supputer et d'approfondir
les avantages et les inconvéniens de telle ou telle institution.

Si les créateurs d'une législation démocratique prenaient le désir irréfléchi pour l'opinion sage du Peuple ;
s'ils prenaient l'avidité du changement pour un sentiment de justice ; s'ils confondaient le mouvement ins-
tinctuel et automatique de l'homme avec les inspirations morales de la nature ; s'ils confondaient ce premier mouvement de l'intérêt individuel, de l'intérêt
mensonger, avec la volonté générale, la volonté unanime, la volonté raisonnée, la volonté réelle ou pré-
sumée du peuple, ils commettraient les bévues les
plus grossières et les plus funestes. En effet, toute la

législation est établie pour réprimer et pour contenir ; mais réprimer et contenir, quoi ? La règle même de la législation ? Non assurément. Ainsi, chez les anciens qui donnaient pour règle à leur législation, la raison, les mœurs et la justice ; tous les moyens répressifs du Gouvernement étaient dirigés contre l'enthousiasme impétueux et aveugle, la passion de la nouveauté et les autres affections désordonnées de la multitude. Mais si à votre législation vous donnez pour règle de même enthousiasme, ces mêmes affections, cette même avidité, il faut que l'action répressive de votre Gouvernement se répercute toute entière contre la raison, contre la justice et les mœurs : choisissez maintenant.

Celui qui prétend que les moyens répressifs du Gouvernement ne doivent jamais avoir d'action contre la majorité d'une société, est ou un sot ou un brigand. Cette doctrine est complettement anarchique, elle bouleverse l'ordre social, et tend à priver le gouvernement de sa destination essentielle. Si la multitude était toujours réfléchie, toujours droite, toujours éclairée, toujours indéfectible dans la mesure de ses droits, et sur ses véritables intérêts, jamais on n'aurait imaginé de Gouvernement civil ; le peu de prévaricateurs qui se seraient glissés dans le grand nombre d'hommes justes, auraient toujours été facilement réprimés par l'autorité des vieillards, par la raison universelle ; les hommes n'ont créé une magistrature civile, que pour se garantir tous en particulier contre les excès de la force et du nombre. Un gouvernement qui ne réprime pas est le soliveau régnant sur les grenouilles, qui,

peu après son installation, fut assailli d'insultes, et
couvert d'excrémens par le peuple marécageux.

Un Écrivain célèbre disait que *l'homme a toujours
en lui une bête féroce qu'il doit continuellement tenir
enchaînée.* Cette bête féroce peut bien être contenue
dans un petit nombre par la force que les sentimens
de délicatesse, de piété, d'honneur et de probité, reçoivent d'une bonne éducation ; mais dans le grand
nombre il faut que la bête soit enchaînée par le Gouvernement. Faudrait-il prévenir des législateurs que
cette bête féroce n'est ni la pensée, ni la raison, ni le
génie, ni la vertu ? Donc tout bon Gouvernement doit
réprimer la multitude.

3°. Pour donner de la liaison, de l'uniformité au
vœu général, il ne faut point essayer de le fixer
sur des objets frivoles, où sur des intérêts particuliers ;
mais il faut l'établir solidement sur les bases déterminées par la nature et la raison ; il faut lui donner
pour objet ce qui intéresse capitalement le corps social. Or il importe essentiellement à l'unité du corps
social, que tous ses membres jouissent également
de la sûreté personnelle, de la sécurité dans leurs
possesssions, et de la liberté dans l'exercice juste des
facultés naturelles. C'est sur ces points capitaux de
l'association qu'il faut épuiser l'intolérance et le fanatisme du peuple ; mais, sur les moyens d'exécution, il faut laisser la plus grande liberté à l'opinion,
afin qu'elle ne soit influencée que par le génie, l'expérience et la probité.

Il y a des révolutions politiques dans lesquelles
l'opinion n'entre pour rien. Ce sont des révolutions

de cabinet, des révolutions de courtisans dont le résultat est de culbuter un Ministre, ou de tuer un
maître pour lui en substituer un autre; elles sont
conduites par des intrigues secrettes auxquelles l'o-
pinion et le bien du peuple sont toujours étrangers,
voilà les révolutions de Perse et de Turquie. Mais une
révolution populaire est celle qui s'opère pour le
bien et par l'opinion morale et raisonnée du peuple;
il faut donc pour la terminer heureusement que l'o-
pinion publique soit indéfectiblement retenue dans la
direction des règles morales et des principes de droit
public qui lui sont antérieurs. Si elle s'en écarte d'un
point, votre révolution est manquée; ce n'est qu'un
bouleversement général, ce n'est qu'un changement de
despotisme, c'est une révolution à la Turque. Dès que
l'opinion aura perdu sa moralité et sa droiture, les
charlatans, les coquins, les scélérats de toute espèce
se jetteront dans votre révolution pour en infecter la
fin et les moyens; ils créeront, par leur audace et
leur activité, une sorte d'opinion dominante qui écra-
sera l'opinion générale; ils abuseront de l'inexpé-
rience et de la crédulité du peuple, pour tourner tout
son enthousiasme et tout son fanatisme vers des objets qui n'ont avec la législation et la félicité publique
que des rapports menteurs et funestes; ils opéreront
des révolutions violentes, des révolutions sanguinaires
et purement extérieures, des révolutions d'étiquette
et de costume, des révolutions vraiment monacales,
hypocrites, inquisitoriales et tyranniques; ils surpas-
seront, dans leur hypocrisie et leur fanatisme politique, tout ce qu'on peut reprocher de ridicule,

d'odieux et de perfide aux *Jacobins* de l'inquisition ; mais pour l'opinion et pour les mœurs, ils n'y toucheront que pour égarer l'une et pervertir les autres. Ce n'est pas autour des principes austères de la raison et de la vertu, que l'homme pervers peut acquérir de la célébrité ou amasser de la fortune.

4°. Je me demande quelquefois à moi-même d'où vient que les hommes se battent, qu'ils se tuent pour des mots dont la signification est souvent arbitraire ; pour des institutions politiques dont la vérité et l'utilité sont souvent problématiques, tandis que, sur des vérités spéculatives qu'ils conçoivent d'une manière bien claire et bien précise, ils supportent patiemment la contradiction ? Un Gouvernement qui condamnerait à mort pour nier une des propositions d'Euclide, nous paraîtrait bizarre dans sa tyrannie ; les anciens Sceptiques n'ont pas été pendus pour avoir douté que *le tout fût plus grand que sa partie* ; eh bien, aujourd'hui je ne répondrais pas d'eux s'ils s'avisaient de douter que Robespierre soit plus grand homme que Licurgue, et que les Jacobins soient plus sages que l'Aréopage. Pourquoi cette différence ? C'est que nous n'aimons pas la vérité pour elle-même ; nous ne nous passionnons pour elle qu'autant qu'elle peut servir à nos intérêts privés ; les idoles chéries sont nos passions et nos préjugés ; ce n'est que pour effacer la honte de l'égoïsme, que nous invoquons les grands prétextes de salut du peuple, d'amour de la patrie. L'homme mis à mort pour avoir nié ou combattu telle assertion politique, n'est point immolé à la vérité ; mais bien à la passion dominante, ou au préjugé qui se cache der-

rière

rière cette prétendue vérité Le magistrat dit à cet homme : ne pense pas, ou pense comme un tel ; aie le même intérêt, la même affection que moi, ou je te tue. Dans un siècle d'ignorance, Galilée ne fut qu'emprisonné pour avoir osé attaquer l'erreur universelle sur l'existence des Antipodes.

Si j'avois à choisir entre deux Gouvernemens dont l'un se seroit approprié l'évidence, et puniroit de mort les prévarications intellectuelles de ceux qui ne concevroient pas comme ses Ministres; dont l'autre se seroit approprié le prétexte de l'utilité publique et de la morale universelle, pour tuer tous ceux qui n'auroient ni les mœurs, ni les opinions politiques de ses magistrats; je n'hésiterais pas à préférer le premier; parce qu'il est moins difficile de s'accorder sur les objets d'intelligence que sur ceux de nos desirs et de nos affections ; il seroit moins absurde de tuer quelqu'un au nom de l'évidence, que de le tuer au nom de la liberté et de la vertu.

Un Gouvernement intolérant et despotique est celui qui, sous des prétextes dont lui seul est juge, contraint les suffrages, et qui tue pour des opinions. Un gouvernement libre et tolérant est celui qui n'apporte aucune gêne à l'expression de la pensée, et qui ne tue que pour des attentats commis contre les principes fondamentaux de l'association. Le Gouvernement qui veut se fonder sur l'assentiment général, doit le mériter par ses bienfaits, sa justice et sa fermeté; si ce Gouvernement, en voulant conserver des dehors populaires, devient arbitraire et oppresseur, vous le verrez augmenter ses moyens violens à mesure que

G

les suffrages se détacheront de lui; ce qu'il perd en attachement, il faut qu'il le gagne en contrainte; si un ami l'abandonne, il y substitue un mercenaire ou un esclave; il masque par des gibets les vuides qui se creusent dans l'opinion générale. Un Gouvernement bon, un Gouvernement populaire, assis sur les bases de la sagesse et de l'utilité générale, est fier de la liberté de censure qu'il accorde à tous; il met sa gloire et sa force dans le bonheur commun et dans l'universalité de ses approbateurs. Un Gouvernement arbitraire, un Gouvernement féroce et sanguinaire, assis sur la terreur et sur le meurtre, ne peut supporter les regards de l'honnête homme, de l'homme instruit; pour s'y soustraire, il s'environne de proscriptions, de calomnies, de prisons, de bourreaux. Le Gouvernement anarchique est ami de l'ignorance et de la grossièreté; il surpassera les Goths et les Vandales par son mépris pour les sciences et les arts; il ressuscitera toute la fureur et l'intolérance dogmatique des siècles de ténèbres, pour persécuter avec un acharnement atroce tous ceux qui ne professeront pas son symbole politique, ou qui ne prononceront pas les formules magiques qui servent à reconnoître ses dupes ou ses esclaves.

On va me dire que le Gouvernement populaire est intolérant pendant son état révolutionnaire. Voilà encore un de ces mots vagues, un de ces mots énigmatiques qui, se prêtant à toute sorte d'interprétations, sont très-propres à justifier tous les ex   . L'état révolutionnaire est celui qui donne à chacun le droit de concourir, ou de s'opposer par les mêmes moyens à une révolution ; ou bien il est celui qui brise tous les liens de l'association, pour faire rentrer tous ses membres sous la loi du plus fort. La première définition ne suffit pas pour l'anarchiste, la seconde est celle qu'il adopte et qu'il pratique, mais qu'il n'ose avouer.

Remarquez, en passant, l'extrême aversion des suborneurs du peuple pour les définitions exactes ; elles produisent sur eux l'effet de l'eau sur les hydrophobes. Les notions précises instruisent le peuple, et à mesure qu'il s'instruit, il échappe à la séduction. Un peuple est libre, il est heureux, lorsqu'il pratique unanimement une bonne définition du mot *patriote* ; ce mot sacré n'est jamais plus indignement profané que dans ces révolutions faussement démocratiques, qui, après avoir renversé toutes les barrières politiques, se laissent amener par l'ineptie et l'iniquité à un système absurde de législation dans lequel on substitue au principe vivifiant de la religion et des mœurs, le principe destructeur de l'impiété et de la violence. *Il n'y aurait pas d'injustice dans une ville*, disait Solon, *si tous les citoyens qui en sont témoins en étaient aussi révoltés que ceux qui les éprouvent.* Cette belle maxime exprime l'état de perfection morale qui doit être signifiée par les mots *citoyen et patriote* ; à moins qu'on ne prétende que ceux-ci sont naturellement vagues, purement auxiliaires et destinés à s'adapter à toutes les interprétations qu'il plaira à l'ignorance, à l'ambition ou à la violence de lui attribuer. Comptez, d'après la définition du législateur Athénien, combien il existe de vrais citoyens dans une immense cité, dont les habitans, lorsqu'ils ne sont pas voleurs ou assassins, applaudissent,

ou au moins sont indifférens aux vols publics et aux
massacres dont ils ne sont pas les victimes immédiates.
Je ne reconnais pas de liaison civique dans un troupeau
de moutons, qui pour être réunis dans le même parc,
n'en permettent pas moins que chacun d'eux soit successivement dépouillé de sa toison, et n'expriment aucune indignation, lorsque le boucher désigne arbitrairement quelques-uns de leurs frères innocens pour être
envoyés à la mort ; je reconnais un peu d'esprit public dans le taureau qui mugit aux approches d'une
boucherie, il ne peut sans frémir fixer le lieu de la
destruction de ses semblables, la vue et l'odeur de leur
sang fait bouillonner le sien ; je donnerais bien toutes
les mœurs d'une nation révolutionnaire pour l'instinct
généreux de cet animal. Je lis avec édification dans les
naturalistes que les loups ne se mangent pas ; je me
forme une haute idée du caractère moral de ces animaux que je vois se réunir et hurler tous ensemble pour
compatir à la douleur du malheureux qui a reçu une
blessure mortelle, de ces animaux pour qui la rencontre du cadavre de leur semblable est toujours un
sujet d'horreur et d'effroi. Heureux qui vit avec ces
bons loups!

Application.

Appliquons maintenant ce que nous venons de dire
sur l'opinion aux excès de la cupidité. Il faut remonter
à la source du mal afin de la tarir. Or pourquoi les
hommes, dans le commerce, se livrent-ils à des spéculations inhumaines? C'est pour augmenter leur fortune. Pourquoi aiment-ils passionnément les richesses?

C'est parce qu'elles procurent de la considération, de l'autorité et des jouissances artificielles. Pourquoi un homme est-il avare? C'est parce qu'il craint que la fortune ne lui échappe, ou qu'il desire enrichir ses enfans: donc tous les abus dont on gémit ici, sont nés de la passion désordonnée des richesses et de la soif des distinctions. Mais pour réprimer la passion des richesses et la contenir dans les justes limites que prescrivent l'activité et l'industrie nécessaires à la société, il faut empêcher la considération publique de prendre son cours vers elle; il faut flétrir dans l'opinion et poursuivre par le mépris les jouissances de luxe que procurent les richesses; pour éteindre la soif des distinctions frivoles, il faut en faire sentir tout le ridicule en les jugeant d'après les régles de la morale; il faut rendre méprisables toutes celles qui ne sont pas fondées sur l'utilité générale; ce sont des ombres fugitives qui disparaissent, lorsqu'on leur présente la lumière de la raison.

L'avarice serait peut-être la passion la plus difficile à guérir; elle serait toutefois beaucoup affoiblie par les institutions morales qui, en désappréciant les richesses, diminueraient leur attrait pour l'avare; qui, en diminuant les besoins, diminueraient aussi leur importance et le desir de les accumuler pour ses héritiers. Au reste, l'avarice la plus funeste à la société est celle qui thésorise, qui enfouit des capitaux, et qui, par les accaparemens, retire de la circulation des objets qui vivifient le commerce et alimentent l'industrie; or le moyen le plus efficace d'anéantir la désastreuse manie d'enfouir et d'accaparer, c'est de ga-

rantir an commerce la liberté la plus étendue et aux propriétés la sécurité la plus parfaite. Avec ces dispositions,
l'avare, par l'effet même de son avarice, aimera mieux
jetter dans la circulation des capitaux, ou acheter des
biens qui lui produiront un intérêt qu'il ne peut attendre de fonds morts et inertes.

L'accapareur trouvera plus de profit dans une rapide
circulation, que dans la stagnation de ses marchandises ; si le commerce est délivré de toute espèce d'inquiétude et de contrainte, il ne peut jamais y avoir
d'embarras pour placer utilement ses fonds ; on se dé-
pêchera de réaliser pour recommencer tout de suite un
achat ; voilà l'activité du commerce.

D'ailleurs la liberté même de l'accaparement serait
la disposition la plus funeste aux accapareurs ; car des
hommes sans humanité, souvent sans probité, se li-
vreront infailliblement à une basse jalousie ; ils se nui-
ront les uns aux autres ; ils se causeront de conti-
nuelles inquiétudes, et les inquiétudes de la rivalité
dissipent les accaparemens, comme les inquiétudes
publiques, qui affectent le commerce, les multiplient.

Il serait facile de démontrer par de longs développemens, que la prospérité du commerce national se
proportionne toujours à la rapidité de la circulation ;
car si cette rapidité est quelquefois plus grande, les
individus auxquels les mêmes objets commerciaux iront
successivement porter l'opulence, seront quatre fois
plus nombreux ; mais qu'est-ce qui communique au
commerce cette heureuse rapidité ? Deux causes, la
tranquillité publique et l'affranchissement de toute
contrainte particulière.

Le commerce est la banque nationale sur laquelle est placée la fortune ou la subsistance de tous ceux qui vivent de leur industrie et de leur travail, et encore de ceux qui vivent par l'industrie et le travail des autres ; votre banque sera florissante tant qu'elle jouira de la confiance générale et d'une liberté sans bornes ; mais si vous la tyrannisez par des loix prohibitives, par des formalités difficiles, par des déclamations menaçantes, par des révoltes, alors chaque actionnaire retire sa mise et sa confiance, la roue de la fortune se ralentit et perd bientôt tout le mouvement qui centuple la richesse d'un pays ; l'opulence artificielle se dissipe pour laisser paraître une effroyable banqueroute, suivie de l'opprobre et de la misère publique.

En dissertant sur les moyens moraux, nous avons fait entrevoir les malheureux effets qu'on peut attendre des moyens impétueux et violens, nous allons, par quelques détails, les rendre plus sensibles encore.

§ I.

Moyens physiques.

1°. Si le peuple souffre des accaparemens, le moyen le plus simple, le plus efficace et le plus utile de la faire cesser, est-il de tuer les accapareurs et de les pendre à la porte de leurs magasins ?

2°. Si le peuple souffre du surhaussement des marchandises, le moyen le plus sûr, le plus juste et le plus utile pour les maintenir à un taux modéré, est-il de les taxer ?

Voilà deux questions que nous allons discuter séparément; nous supputerons d'abord les résultats de la force et de la violence; nous exposerons ensuite ceux des taxes.

Première partie. (*Usage de la force.*) 1°. Il est impossible de fixer dans le commerce le point précis où commence et celui où finit l'accaparement, comme il est impossible de déterminer le point où commence et celui où finit l'avarice; car l'accaparement ressemble souvent à la prévoyance et l'avarice à l'économie : il est donc impossible d'assujettir à des règles générales l'emploi de la force dans la répression de l'accaparement ou de l'avarice; par conséquent l'emploi de la force sera arbitraire; ce qui est contraire à tous les principes. L'usage arbitraire ou plutôt l'abus de la force est mille fois plus pernicieux que l'abus de l'industrie, l'abus de la prévoyance, l'abus de la liberté de commerce.

2°. Il sera très-aisé de confondre avec l'accapareur, l'approvisionneur d'une grande ville, d'une armée; dès lors les approvisionnemens se feront avec frayeur, ou même ne se feront pas; le pourvoyeur s'excusera sur la crainte d'être immolé; mais si dans un vaste pays les approvisionnemens généraux ne s'exécutent pas avec sécurité et promptitude, la circulation des denrées est lente et nulle, et une partie de la famille sociale est en proie aux plus cruels besoins à côté d'un autre partie qui regorge de superfluités dans le même genre; l'indigence est assise à côté de la surabondance; or rien ne répugne davantage aux droits civils que cette inégalité monstrueuse; il faut donc

la faire disparoître par la liberté indéfinie de la circulation.

Celui qui, par la violence, retient dans son voisi-
nage des denrées surabondantes, qui manquent à un
autre partie de son pays ; celui qui veut manger à
trois sols la livre le pain qui vaut le double dans les
lieux où croît le bled, rompt le contrat-social, brise
l'unité, l'indivisibilité de la société à laquelle il appartient ; il s'isole et renonce aux secours qu'il pourroit
recevoir de ses co-associés, en leur refusant ceux qui
dépendent de lui. Ce n'est pas la communauté extérieure de législation civile qui lie les diverses parties
d'un Etat, mais c'est l'esprit public ; or cet esprit ne
peut compatir avec l'isolement que produisent les défiances et les haines que s'inspirent mutuellement les
membres de la même société ; cet esprit ne peut se
créer et obtenir de la consistance que par la liberté
indéfinie de circulation pour tout ce qui est nécessaire, utile ou agréable, par la libre circulation des
denrées, des arts, des talens : sans ces dispositions, la
société n'est qu'une masse incohérente d'égoïstes,
qui portent tous un masque à-peu-près semblable.

3°. La violence employée contre l'accapareur épou-
vantera sans doute, mais ne corrigera pas ; elle gênera
la main sans changer le cœur ; elle ne fera qu'irriter
la cupidité en lui donnant des entraves ; elle la rendra industrieuse à se reproduire sous mille formes
différentes, pour échapper aux coups de la violence.

D'ailleurs, le peuple ne peut pas toujours être en

état d'insurrection et de violence ; il ne tiendra pas toujours sa massue levée sur la tête de l'accapareur. Eh bien ! dès qu'il cessera de comprimer le ressort de la cupidité, celui-ci se détendra avec d'autant plus d'impétuosité, qu'il aura été plus fortement comprimé.

4°. La hache populaire ne frappera pas tous les coupables ; plusieurs, et souvent les plus criminels, trouveront des moyens d'échapper à la vengeance du peuple, en corrompant ceux qui dirigent et enflamment son courroux ; ses coups ne tomberont le plus souvent que sur des accapareurs intermédiaires qui, par leur genre de commerce ou par la médiocrité de leur fortune, plus rapprochés de la multitude, y ont aussi leurs envieux et leurs ennemis particuliers.

Il arrivera même souvent que ceux qui auront acquis le plus de popularité en dirigeant les insurrections contre les accaparemens, abuseront de leur réputation pour couvrir les spéculations usuraires contre lesquelles ils se seront élevés avec une hypocrite énergie.

5°. Supposons que la contrainte, par l'inquiétude qui en est l'effet, empêche les gros accapareurs, on ne disconviendra pas du moins qu'elle les rendra plus universels ; lorsqu'on craint de manquer d'une chose, chacun s'en approvisionne, et celui qui n'a pas le moyen de faire ses provisions est victime des inquiétudes publiques ; ainsi le pauvre peuple augmente son mal par les mouvemens impétueux qu'on lui suggère pour le diminuer.

Les orages populaires répandent par-tout la frayeur et la consternation; ils rallentissent l'industrie, paralysent le commerce, inquiètent les arts, plongent la société entière dans une inertie infiniment plus funeste à l'artisan, à l'ouvrier, que tous les accaparemens du monde.

Il est donc bien prouvé que la violence n'est jamais une mesure utile à employer pour la répression des accaparemens, de l'avarice et du luxe. Le luxe est de tous les vices publics celui qui sera le plus aisé à effrayer; mais dès qu'il a peur, il se convertit en avarice ou en accaparement. Nous avons démontré l'impossibilité de diriger d'une manière régulière la force publique contre les maladies morales; nous avons démontré ensuite que la force impétueuse de la multitude, ou la force arbitraire de quelques entrepreneurs d'insurrections, ne produirait aucun avantage, et entraînerait une infinité d'inconvéniens.

Il en est de la liberté de commerce, de la liberté d'augmenter sa propriété, comme de la liberté d'opinion; toute restriction, toute contrainte est infiniment plus nuisible à la chose publique que les abus qui peuvent résulter de la liberté illimitée; car la restriction favorise le pouvoir arbitraire, et prête un déguisement à la tyrannie.

Seconde partie. (*Taxes.*) 1º. Des économistes à vue étroite, ennemis toutefois de la violence et de sa suite, admettront volontiers qu'on ne peut s'en servir pour réprimer les abus des accaparemens, de l'avarice et du luxe; mais ils se persuaderont avoir trouvé dans les taxes le moyen le plus efficace et le plus juste de les prévenir ; ils proposeront de faire taxer par l'autorité publique, le prix de tous les objets de commerce, de fixer aux fortunes particulières un taux qu'il ne sera pas permis d'excéder, et de déterminer la consommation et la dépense de chaque citoyen.

2°. Les taxes sur les marchandises arrêteroient ces surhaussemens subits qui oppriment la classe vivant dans la médiocrité.

La taxe des richesses empêcherait l'excroissance des fortunes immodérées, elle maintiendrait une sage égalité, en éteignant la cupidité, &c.

La taxe de la consommation détruirait le luxe, arrêterait les dépenses scandaleuses, et de ces taxes bienfaisantes, le dernier résultat serait la frugalité, la simplicité de mœurs, l'extinction totale de la mendicité, opprobre éternel de tout Gouvernement civilisé.

Rép. 1°. Il ne manquerait plus, pour consommer le bonheur que l'on attend des taxes, que d'y soumettre aussi les opinions, les goûts, les préjugés de tous ceux qui composent la société ; car elle n'est troublée, agitée que par la diversité d'opinions et par la contrariété de préjugés et d'affections. Ainsi, pour prévenir ces troubles, il faudrait fixer l'opinion que chacun serait obligé de professer et de suivre ; il faudrait fixer l'affection que chacun serait obligé d'éprouver. Ces taxes bienfaisantes établiraient dans la société, l'unité d'opinions, l'unité de conduite, et leur dernier résultat serait l'extinction éternelle de toutes les dissentions privées, de de toutes les guerres civiles tous les troubles religieux, de tous les crimes. Qui peut donc retarder l'établissement de cette bienheureuse taxe qui doit apporter au monde l'innocence et le bonheur ? La diversité d'opinions, de préjugés, de passions, a causé plus de maux, plus de ravages que tous les accapareurs et les avares; la taxe des opinions est donc plus urgemment nécessaire que celle des richesses.

Voilà certainement avec toutes ces taxes, la tyrannie la mieux conditionnée et la plus oppressive qui fût jamais imaginée.

2°. Si les inconvéniens qui résultent de la liberté d'opinions, ne peuvent autoriser la restriction et la contrainte de cette liberté; pourquoi les inconvéniens qui naissent de la liberté de commerce, de la liberté d'acquérir des propriétés, autoriseraient-ils la taxe des marchandises, et la limitation des fortunes ? Mon industrie m'appartient autant que ma pensée.

Toute taxe, toute contrainte est amie du despotisme, et subversive de la liberté. (Je n'entends pas parler ici des taxes ou droits pécuniaires, qui ne sont qu'un impôt commun et soumis aux règles ordinaires). Il ne s'agit point tergiverser ici, il faut se décider ou pour le despotisme avec ses taxes et ses contraintes, ou pour la liberté et quelques abus.

Un Gouvernement despotique emploie contre les abus, les taxes et les prohibitions, parce que, n'étant point fondé sur l'esprit public, il ne peut employer d'autres moyens. Mais un Gouvernement libre, établi par la volonté générale, et fondé sur la vertu, a des mœurs, a une opinion publique, un patriotisme, qui doivent suppléer avantageusement les prohibitions du despotisme dans la répression des abus. Le despotisme cesserait d'exister s'il permettait tout, il ne peut se conserver qu'en s'environnant de taxes et de violence;

mais la liberté ne peut avoir les mêmes alentours que
le despotisme; si donc les taxes, les privilèges exclusifs, les contraintes conservent celui-ci; elles doivent
tuer celui-là. Il faut donc être bien ignorant, ou bien
perfide, pour se dire tout-à-la-fois l'ami de la liberté et
le protecteur des taxes, des limitations forcées, &c.

Il existe entre le despotisme et la liberté une différence morale qui ne peut échapper qu'à de prétendus
législateurs qui ne cherchent pas la liberté dans les sentimens de la nature. Le despotisme aime les gros accaparemens parce qu'ils tiennent le pauvre dans la dépendance et dans la soumission; il les favorisera par des
privilèges exclusifs qui assureront à un petit nombre
la faculté de commercer. La liberté déteste les accaparemens, parce qu'ils oppriment le pauvre; elle les
contrariera par la suppression des privilèges exclusifs. Le despotisme aime l'éclat éblouissant de l'opulence, parce que cet éclat trompeur charme les yeux
de la multitude, et dore, par la réflexion de ses
rayons, les chaînes que portent les sujets; il favorisera
l'entassement des richesses en leur affectant des distinctions honorifiques, ou une portion subalterne de
la domination; la liberté déteste le faux éclat de l'o-
pulence, parce qu'il corrompt le peuple; elle en dé-
truira le charme en éloignant des richesses la considération publique, en leur enlevant toute espèce de
distinctions honorifiques, et en ne donnant d'importance qu'aux qualités personnelles, utiles et indépen-
dantes de la fortune. Le despotisme aime le luxe, parce
qu'il dégrade la multitude et la façonne à l'esclavage;
il l'encourage par son exemple, par ses étiquettes, ses

manufactures. La liberté déteste le luxe, parce qu'il établit entre les hommes une scandaleuse disproportion; elle en affaiblira le goût par l'exemple de ses magistrats, par le mépris des étiquettes et de l'ostentation, par la direction qu'elle donnera à l'industrie vers des objets d'utilité publique. Le despotisme déteste la liberté de la presse, la libre circulation des opinions, parce que cette circulation éveille la raison et produit la lumière dont l'éclat dissipe les erreurs sur lesquelles est fondée toute sa puissance; aussi il la contraindra par des restrictions, par des défenses et des peines. La liberté aime la circulation des lumières, parce qu'elle ne craint pas les progrès de la raison, parce qu'elle ne redoute que les préjugés; elle ne veut établir son empire que sur des affections senties et sur des principes reconnus par tous ceux qui y sont soumis; elle favorisera cette circulation en la dégageant de toute espèce d'entraves; elle aime mieux avoir à gémir sur quelques abus, que de recourir à des restrictions qui la priveraient des plus grands avantages.

Il n'était pas inutile de mettre en parallèle l'esprit du despotisme avec celui de la liberté, pour faire sentir que les taxes et les limitations ne peuvent entrer dans la composition d'un Gouvernement libre.

Bien entendu que je parle ici d'un Gouvernement protecteur d'une liberté honnête, d'une liberté vertueuse, tranquille et régulière; j'avoue franchement qu'il est trop dégoûtant pour moi de m'occuper de cette fausse liberté, de cette liberté impudemment anarchique, insolemment extravagante; de cette liberté jalouse, soupçonneuse et féroce; de cette liberté amie

du mensonge, amie du parjure, qui, par une com-
plicité monstrueuse, prête son nom à toutes les mesures inquisitoriales et aux vexations les plus odieuses.
La liberté politique, la vraie liberté consiste dans
l'inviolabilité absolue des principes généraux de
l'association, et dans l'exclusion perpétuelle des
loix rétroactives, des loix de circonstances, des mesures arbitraires dont l'action est toujours dirigée
par des soupçons ou par des prétextes essentiellement capricieux dans leur application. Une liberté
intermittente, une liberté suspensive est précisément
le despotisme le mieux organisé et le plus durable ;
car le despotisme ne tyrannise pas à chaque instant
et dans toutes les affections, et c'est toujours par des
considérations imposantes qu'il essaie de couvrir l'injustice de ses actes arbitraires. Lorsque le Sultan en-
voie à un Pacha le fatal cordon, c'est pour des *raisons d'état*, pour des raisons de *salut public*, pour
des raisons de *sûreté générale*.

Une liberté qui, pour s'établir, emprunte les secours perfides du despotisme, éprouvera le sort du
cheval qui, pour combattre le cerf, invoqua l'assis-
tance de l'homme.

I I I.   Je reviens maintenant à la question des taxes, pour
examiner si la société a le droit de taxer les marchandises, de fixer la mesure des fortunes, et si ces dispositions sont praticables.

1°. La société n'a pas plus le droit d'arrêter les progrès de l'industrie, que ceux de l'intelligence, que
ceux de la raison ; car l'industrie n'est autre chose que
l'intelligence appliquée aux moyens de satisfaire nos

besoins

besoins et nos desirs. Mais c'est arrêter les progrès de l'industrie, que de supprimer ou limiter arbitrairement les bénéfices qu'elle produit : donc, &c.

On considère les marchandises, ou dans les rapports qu'elles ont entr'elles, ou dans les rapports qu'elles ont avec le signe représentatif de toute valeur, ou dans les rapports qu'elles ont avec le travail et le talent. Or la société toute entière n'a le droit de taxer aucun de ces rapports ; car les marchandises, la monnaie, l'industrie, n'ont pas une valeur intrinsèque qui puisse être fixe et immuable parmi les hommes, elle est essentiellement arbitraire et dépendante du caprice de chaque particulier ; en effet la valeur des objets commerciaux n'est autre chose que l'importance qu'y attachent les vendeurs et acheteurs, cette importance se mesure sur les besoins que nous avons des objets, et se proportionne par conséquent à nos goûts, nos habitudes ; donc la valeur des marchandises, de l'argent, du travail, dans ses accroissemens ou décroissemens, dépend de nos affections personnelles; donc les fixations de valeur par l'autorité publique sont des taxes immédiatement imposées sur nos desirs, sur nos caprices, sur nos jouissances. Le système des taxes est donc un système de tyrannie mo rale, le plus absurde, le plus révoltant qui puisse se concevoir.

Décréter qu'une aune de drap vaut une pipe de vin, qu'une paire de souliers vaut un chapeau; c'est décréter que tout le monde aimera également une aune de drap et une pipe de vin, c'est décréter que tout le monde aura un égal besoin de souliers et de chapeaux : si quelqu'un avoit plus d'affec-

tion pour la pipe de vin que pour l'aune de drap, s'il at-
tachait plus d'importance à l'un qu'à l'autre de ces deux
objets, il contreviendrait à la loi, il serait tyrannisé
dans sa prédilection ; &c. Donc la taxe de la valeur
comparative des marchandises est absurde et vexatoire.

La taxe des marchandises, relativement à l'argent,
n'est ni plus juste, ni plus raisonnable ; car décider
qu'une aune de drap, par exemple, vaut 24 livres,
c'est décider que tout le monde a un égal besoin ; un
égal désir de l'aune de drap et des 24 livres ; c'est décider que l'un ne procurera pas plus de jouissances
que l'autre. Or cette décision rentre absolument dans
la première ; car avec mes 24 livres je pourrais avoir
indifféremment ou une aune de drap, ou tout autre
objet, je suppose une pièce de vin. Décider qu'une
aune de drap ne vaut pas plus de 24 livres, c'est donc
décider qu'une aune de drap et une pièce de vin plai-
ront également à tous les consommateurs. Un bijoux,
qui vaut 100 mille livres pour un homme opulent, ne
vaut pas un morceau de pain pour l'usage habituel
d'un mendiant ; donc, &c.

Il serait plus révoltant encore de fixer le produit de
l'industrie, du travail et du talent ; je suis essentiellement maître de vendre mon travail, mon industrie,
pour une bouteille de vin, ou d'en exiger dix, comme
Paul est essentiellement maître de les refuser ou de
les accorder ; le prix que chacun attache à son travail,
à son industrie, dépend de ses besoins, de ses habitudes,
de ses inclinations, du sentiment de son mérite particulier ; or toutes ces affections, qui résident dans l'ame,
ne peuvent être mesurées par l'autorité publique, &c.

Donc il est aussi injuste, aussi absurde, de taxer l'industrie, les affections, les besoins, que de taxer la
durée de la vie, la hauteur de la taille, &c.

Première objection. On m'objectera peut-être qu'on
ne propose point d'assujettir à la taxe publique les
objets d'agrémens ou de luxe, mais seulement les denrées de première nécessité. On ne peut contester à la
société le droit de fixer le prix des choses immédiatement nécessaires à la subsistance, et d'en empêcher
l'accaparement, puisqu'elle a le droit de veiller à la
conservation de tous ses membres. En effet, si la société a le droit de restreindre la durée de la vie d'un
homme qui en a assassiné un autre, pourquoi ne
pourrait-elle pas également punir celui qui, par ses
accaparemens, en fait mourir une multitude ? Si la
société a le droit de restreindre, par des peines, mon
adresse et ma force à assassiner sur un grand chemin,
pourquoi ne pourrait-elle pas restreindre, par les mêmes peines, mon adresse à entasser des denrées dont
la privation cause la mort à mes concitoyens ? Pourquoi n'aurait-elle pas le droit de prévenir ces déplora-
bles accidens par des taxes sagement attempérées aux
circonstances ?

Rép. Voilà assurément le raisonnement le plus spécieux qu'il soit possible d'opposer à nos principes ; si
pourtant on le médite un peu, il sera aisé d'en découvrir la perfidie. On ne demande des taxes que pour
des objets de première nécessité, et c'est précisément
ceux-là qu'il serait plus funeste de taxer. Car enfin le
pire inconvénient qui pourrait résulter des taxes et
des vexations qu'on ferait subir aux objets d'agrément

et de luxe, serait de les faire disparaître de la circulation; mais pour les denrées de première nécessité, il n'y
a pas moyen de s'habituer à cet inconvénient, il faut au
contraire que la multiplication de ces denrées et leur active circulation soient encouragées et protégées par les
institutions et les règlemens de la société. Voyons si ce
sera là l'effet des taxes.

Si le cultivateur ne trouve plus de bénéfice dans
son travail, il abandonnera la culture pour se jetter
dans les divers états de la société qui lui présenteront
l'appas d'un gain plus considérable. Si, par exemple,
il y a plus de profit à faire des souliers ou des chapeaux,
qu'à semer du bled, le laboureur quittera la charrue
pour se faire chapellier ou cordonnier.

Combien ne serait-il pas injuste de taxer le
produit du travail du cultivateur et d'en limiter la
valeur, tandis que les instrumens qui lui sont nécessaires, le bois, le fer, les animaux, les secours, lui
seraient vendus arbitrairement; ses vêtemens, son lo-
gement ont un prix qui dépend du vendeur. Le cultivateur seul sera privé du droit d'augmenter le prix
du fruit de ses peines d'une manière proportionnelle
à ses besoins personnels, ou à l'augmentation des objets qui sont nécessaires pour son travail. Ce peut-il
concevoir une injustice plus odieuse! L'état le plus
nécessaire et le plus moral de la société, serait le seul
entravé et le seul proscrit!

Le bled, livré à lui-même, se vend toujours ce
qu'il vaut, et vaut toujours ce qu'il se vend; car,
ou il est commun, ou il est rare; si, lorsqu'il est
abondant, vous le taxez au-dessus de sa valeur res-

pective, vous surchargez le consommateur, et le cultivateur ne vous demande pas cette vexation; si, lorsqu'il est rare, vous en fixez le prix au-dessous de sa valeur respective, vous ruinez le cultivateur qui ne peut pas récupérer sur l'augmentation du prix ce qu'il perd sur la quantité de marchandises.

Donc les taxes partielles, qui tomberaient exclusivement sur les comestibles, feraient fuir l'agriculture ; donc pour taxer le bled, il faudrait aussi taxer les instrumens de première nécessité pour la culture, le bois, le fer, les animaux, la main-d'œuvre et l'industrie. Or il est évident que, pour taxer tous ces objets, il faut envelopper la société entière par les taxes, ce que nous démontrerons impossible.

Tous les économistes établissent, comme maxime incontestable, que la cherté du bled en produit l'abondance ; le moyen le plus efficace de faire défricher et d'augmenter les récoltes, serait d'augmenter le prix du bled.

Quant à la comparaison de l'assassin avec l'accapareur, je réponds que la société, par le droit qu'elle a essentiellement de veiller à la conservation de ses membres, et de garantir leur tranquillité, a aussi, par une suite nécessaire, celui d'éloigner, de détruire tout ce qui peut être nuisible à ces deux objets; mais il faut, pour exercer ce droit, qu'il puisse être dirigé par des loix fixes et précises, autrement son usage serait arbitraire et tyrannique. Or les loix sur l'assassinat sont bien déterminées, elles ont un objet facile à saisir, et la punition de l'assassinat n'est point arbitraire, ni sujette à de grands inconvéniens.

H 3.

Mais l'accaparement ne peut être l'objet d'une loi précise, comme nous l'avons démontré, il ne pourrait donc être réprimé que par une force arbitraire, capricieuse dans son application ; et dès-lors sujette à l'influence de toutes les passions individuelles, ce qui est le dernier degré du despotisme,

D'ailleurs cette répression arbitraire, ces taxes sur les comestibles, entravent la circulation et découragent l'agriculture, comme nous l'avons exposé ; or ces inconvéniens feraient périr plus d'hommes que les accaparemens ; donc il n'est ni juste, ni utile à la communauté de réprimer par la force les accaparemens, de taxer les denrées, &c.

J'ajouterai une comparaison que nul ami de la liberté ne pourra récuser : la vie est le premier bien de la nature, l'honneur est le premier bien de la société, l'association nous garantit l'un et l'autre ; si donc, par l'abus de la liberté de la presse, il se commet des meurtres, s'il se répand des calomnies diffamantes, faut-il en conclure que la société doit anéantir ou contraindre la liberté de la presse ? Non, sans doute, parce que la liberté indéfinie de la presse est plus utile que ses abus ne sont nuisibles.

Tout ce que la société a droit de faire, c'est lorsqu'il est légalement prouvé que tel, par l'abus de la presse, a tué ou déshonoré injustement un concitoyen ; c'est, dis-je, de le punir, parce qu'il rentre dans le cas de l'assassinat ou de la diffamation ; de même s'il est légalement prouvé que le négociant a fait périr sciemment et méchamment un de ses frères, il est dans le cas de l'assassinat. La loi ne considère que le crime et les preuves qui le constatent; elle ne s'inquiète point de l'instrument dont on se sert pour l'exécuter; qu'un homme soit tué avec un sabre, qu'il le soit par une calomnie ou par un accaparement, c'est toujours un homme tué, et s'il est tué injustement et malicieusement, c'est, dans tous les cas, un assassinat punissable par les mêmes loix; osez donc conclure que, puisque les hommes abusent de l'épée pour assassiner, de la presse pour exciter au meurtre, du commerce pour accaparer; la société doit supprimer sans restriction l'usage des armes, la liberté de la presse et celle du commerce. Vous ajouterez encore à ces résultats, que la société doit supprimer toutes les facultés intellectuelles et physiques de l'homme, parce qu'il en abuse souvent pour commettre des crimes.

On peut comparer l'accapareur à un médecin qui tue quelquefois des malades par ignorance ou par une malice occulte; une loi, vaguement répressive de l'ignorance ou de la perversité secrète des médecins, détruirait la médecine, et Paul qui s'est rendu célèbre par ses déclamations extravagantes contre les accapareurs, eût peut-être été la première victime de la loi contre les médecins ineptes ou méchans.

Il est donc bien évident que tout ce qu'on objecte contre les abus du commerce, peut être rétorqué contre toute sorte d'arts et métiers.

Deuxième objection. Si un homme avait emmagasiné les bleds de tout un pays, tous les habitans seraient donc à sa discrétion, ce qui est contraire à l'équité naturelle.

Rép. En admettant la réalité de ce cas vraiment chi-

H 4.

mérique sous un Gouvernement sage et protecteur de
la liberté de commerce, je vais expliquer ce que permet la justice rigoureuse au propriétaire, afin de pouvoir apprécier l'injustice des plaintes dont l'ignorance
le harcelle continuellement.

L'accapareur a rigoureusement le droit d'exiger de
chaque acheteur le sacrifice de tous ses besoins factices,
de toutes ses jouissances de luxe ; par exemple, vous
avez un magnifique château, je ne vous délivrerai de
mon bled que lorsque vous m'en aurez fait la cession ;
vous possédez un bijoux rare, vous n'aurez de mon
bled que lorsque j'aurai votre bijoux, &c. Il est in-
dubitable que le premier besoin est de vivre, donc
les choses les plus précieuses intrinsèquement, sont
celles qui se rapportent au besoin ; donc, dans la disette de subsistances, le pain vaut mieux que tous les
bijoux, que tout l'or, que tous les palais du monde ;
donc le vendeur a le droit d'apprécier son bled autant que tous ces objets, dans le cas même où il serait
le seul auteur de cette disette factice ; car tout homme
a essentiellement le droit d'anéantir, par son industrie,
le prix et l'importance imaginaires qu'on donne à des
objets qui n'ont nulle valeur intrinsèque, qui n'en ont
aucune dans le système de la nature.

Mais si cet homme, par sa dureté, attaque les besoins naturels, s'il attaque des habitudes universelles
qui sont devenues aussi impérieuses que les premiers
besoins, si, par exemple, il veut, pour nous nourrir,
nous dépouiller de tout vêtement, nous priver de tout
asyle ; s'il veut vendre à l'indigent, à celui qui ne
possède que sa personne, et de qui il ne pourrait exi-

ger que la servitude ; alors l'accapareur franchit la limite au-delà de laquelle il n'y a plus de plus de propriété. Celui qui entame les besoins-naturels, nous
plonge dans l'extrême nécessité où, tous les biens sont
communs, où tous les moyens sont bons. Ainsi ; lorsque je suis dans une situation à ne pouvoir rien échanger contre du pain, sans irriter un autre besoin aussi
impérieux que celui de la faim, celui qui a plus de
pain qu'il ne lui en faut pour sa consommation personnelle, n'a pas le droit de me vendre, il est obligé
de me donner ; je ne puis trafiquer sur les beso'ns auxquels la nature m'a soumis, ni sur les facultés qu'elle
m'a confiées ; je ne puis faire entrer dans le commerce
que les goûts arbitraires et les perfections artificielles ;
mais il n'en reste plus à ma disposition dans l'extrême
indigence ; donc dans ce cas j'ai le droit d'employer la
violence si je n'ai pas d'autres moyens de faire respecter
mon besoin. Quand je n'ai plus de superflu, je n'achète
plus, mais je prends, au nom de la nature, tout ce qui
m'est naturellement nécessaire.

Le droit de la nécessité, quelque sacré qu'il soit,
est un de ceux que les hommes ont enchaîné par l'acte
fédératif ; car la première obligation qu'ils ont impo-
sée à la communauté civile est d'éloigner l'extrême nécessité de tous ses membres ; par conséquent si l'administration est bien ordonnée, le cas de l'extrême besoin
n'arrivera jamais, ou il arrivera pour tous. Mais si
quelques individus, malgré le bon usage de tous leurs
moyens personnels, tombent dans la nécessité absolue, ce fait sera la preuve de l'impéritie ou de la per-

versité du Gouvernement, et, dans ce dernier cas, le
nécessiteux ne serait autorisé à employer les moyens
violens que contre ceux qui gouvernent, et nullement
contre les particuliers, quelqu'opulens qu'ils soient.

L'ordre social serait brisé, si le prétexte de la nécessité pouvait se diriger arbitrairement contre les particuliers : je donnerai plus bas quelque développement à
ce principe.

Troisième objection. Si tous les cultivateurs, par
l'effet d'une convention expresse, ou par l'impulsion
simultanée de la malice et de l'intérêt, se coalisent
pour mettre le bled hors des facultés de la multitude,
faut-il périr à côté de leurs magasins ?

Marat.] La propriété ne saurait être le droit de faire mourir
de faim l'indigent.

Robespierre. La terre est la mère nourricière du genre-humain,
tous les hommes ont un droit égal aux fruits qu'elle
produit.

Rép. Voilà encore des suppositions absurdes qui
n'ont d'autre but que de donner de l'aigreur et des
défiances à la multitude qui ne réfléchit jamais. Voilà
encore de ces raisonnemens vagues, de ces raisonnemens grossièrement captieux, répétés sans cesse sur
les places publiques par les arlequins révolutionnaires;
s'ils sont saisis avec avidité par l'homme dont ils flattent la stupide jalousie et par celui dont ils servent la
turbulente ambition, il faut convenir qu'ils exercent
sur l'homme honnête et judicieux une oppression sentimentale qui est de toutes les oppressions la plus insupportable. On ne peut se défendre contre le sentiment d'une affliction profonde et concentrée, lorsqu'on

voit le peuple courir bonnement au-devant du bandeau que lui présentent des séducteurs impudens. Le
mensonge et l'erreur ont pour la multitude un appas
irrésistible. Si de grandes secousses, si de vastes déchiremens politiques lui enlèvent les chefs auxquels,
par instinct, par habitude, par amour ou par contrainte, il obéissait; pour remplacer ceux-là, il s'en
présentera une foule d'autres qui, à force de bassesses,
d'adulations, feront agréer leurs perfides services. Si
je n'exprimais pas ici un sentiment d'indignation trop
sérieux pour me servir d'un rapprochement un peu
trivial, je comparerais les révolutions démocratiques,
dans leurs excès, à un jeu de *Colin-Maillard;* c'est
le peuple qui a le bandeau, on veut lui faire attraper
une liberté, une égalité, une opulence chimérique;
on ne l'avertit pas des *casse-cols,* et il ne reconnait
que lorsqu'il est tombé dans le précipice, qu'il jouait
avec des aveugles ou des méchans.

Je reviens à l'objection : 1°. Que les marchands
de chevaux, les charrons, les artisans de tout genre,
se coalisent aussi pour donner aux choses, dont le
laboureur a indispensablement besoin, un prix cor-
respondant à celui du bled.

Le bled sera toujours proportionné aux facultés du
pauvre, honnête et laborieux; c'est de lui dont le
cultivateur a besoin; en augmentant le prix de son
bled, il est obligé d'augmenter le prix de l'industrie
rurale; cette double augmentation du travail et des
denrées remonte parallellement d'étages en étages jusqu'à ce qu'en dernier résultat, elle opprime le luxe
et la paresse des villes.

La propriété n'est pas le droit de faire mourir de faim. Eh bien, qui prétend le contraire ? La liberté de la presse est-elle le droit de calomnier ? La liberté de porter les armes est-elle le droit d'assassiner ? La médecine est-elle le droit de tuer un malade ? une maison est-elle le droit d'écraser les passans par sa chûte ? Un vaisseau est-il le droit de noyer les passagers par son naufrage ? &c. J'aurais honte de traiter plus longuement une phrase qui ne peut dupper que celui qui veut bien l'être.

2°. Que la terre *soit la mère nourrice du genre-humain*, je ne m'y oppose pas ; du moins est-il certain que cette mère avare ne nourrit ses enfans que lorsqu'ils travaillent, et qu'elle proportionne la dot de chacun à son industrie et à son ardeur. Ainsi, quand on dit que tous les hommes ont un égal droit aux fruits de la terre, cela ne peut s'entendre que des fruits spontanés qu'elle produit naturellement, comme le gland et le chardon ; si notre raisonneur a toujours été borné à ce genre de nourriture, je veux bien lui passer gain de cause ; mais s'il veut consommer quelque chose de plus, il faut qu'il le gagne par son travail : voilà la loi naturelle dont personne ne peut être dispensé, &c.

Donc le système des taxes partielles, exclusivement bornées aux denrées de première nécessité, est un système également tyrannique et désastreux.

Taxes générales. Si on ne veut pas renoncer aux taxes, il faut prendre le parti de les étendre à tous les objets commerciaux. Voyons maintenant si c'est une chose praticable.

1°. Il est évident qu'une nation seule est dans l'impossibilité de régler le prix des marchandises étrangères. (Je répète qu'il ne faut pas confondre les taxes dont il s'agit ici, avec les droits d'entrée que chaque peuple a le droit d'établir sur tous les objets commerciaux, principalement sur ceux étrangers, soit pour servir d'impôt, soit pour exclure d'un pays des objets dont il peut aisément se passer, ou dont l'usage lui seroit pernicieux.)

On suppose qu'une nation veuille tout-à-la-fois se servir des marchandises étrangères et en déterminer le prix; or le taux fixé pour ces marchandises, ou sera égal au prix qu'elles se vendent dans les autres pays, ou il sera inférieur ou supérieur; S'il est égal, la taxe est inutile; s'il est supérieur, la nation se surcharge elle-même par sa propre taxe; s'il est inférieur, elle éloigne les négocians qui iront ailleurs chercher un profit plus considérable; donc, etc.

Ce que je dis des marchandises étrangères, s'applique aussi aux marchandises mixtes, à celles qui se fabriquent avec des matières, avec des instrumens, avec une industrie étrangère.

Il est donc bien démontré qu'une nation ne peut taxer tous les objets de son commerce, sans préalablement briser toutes ses relations commerciales avec les autres peuples, sans se restreindre à ses productions intérieures, sans empêcher les étrangers de venir les consommer chez elles ou de les altérer chez eux; sans arrêter l'émigration de son industrie que l'appas d'un gain plus fort pourrait appeler dans les autres pays; sans se constituer dans un état d'isolement parfait, comme si elle étoit seule sur la terre.

Après ce léger préliminaire, examinons encore si la taxe peut justement, peut utilement, peut physiquement atteindre tous les objets de la circulation intérieure ?

2°. Nous en avons assez dit pour prouver l'injustice et les inconvéniens incomensurables du système des taxes universelles ; ce que je vais ajouter prouvera en outre son impossibilité physique.

Pour taxer tous les objets commerciaux, il faut d'abord établir une mesure générale, qui soit uniforme et applicable à tous les objets ; il faut déterminer un signe représentatif de toutes les valeurs ; ce signe sera l'argent. Cette première convention abrège de moitié la besogne ; mais elle laisse subsister encore assez de difficultés pour que nul effort humain ne puisse les surmonter.

En effet, pour fixer la valeur de toutes les marchandises respectivement à la monnaie, il faut : 1°. les comparer toutes successivement avec ce signe conventionnel ; 2°. consulter, sur chaque comparaison, les goûts, les préjugés, les affections de tous les individus qui composent la société, pour prendre le résultat, si non de l'uniformité absolue, au moins de l'universalité morale des goûts.

Je ne soupçonne pas que quelqu'un me conteste la nécessité de ces deux opérations préliminaires ; car il est trop évident que, pour apprécier les rapports des objets, il faut les connaître ; que, pour les connaître, il faut les comparer. Il est encore trop évident que la société n'est qu'un être de raison, sans droit, sans autorité, si ce n'est la réunion de tous les asso-

ciés, liés par des conventions réciproques et consen-
ties par tous ; mais on sait que sur les goûts et les
préjugés on ne dispute pas. Il est impossible que le
goût artificiel de Pierre soit présumé représentatif
de celui de Paul ; par là même que la nature et
la raison ne se mêlent point de nos goûts factices,
il est impossible d'en connaître l'uniformité par la représentation ; il faut pour obtenir ce résultat, recourir à l'énumération totale des individus ; donc, etc.

Cherchons actuellement par quel procédé on pourrait exécuter ces préliminaires. 1°. Il faudrait déjà
bien du temps pour comparer avec l'argent tous les
objets commerciaux, toutes les combinaisons qui
ajoutent à leur utilité ou à leur agrément ; 2°. il faudrait les faire goûter ou essayer tous de la manière
qui est relative à nos goûts, à nos besoins, par chaque
individu composant la société ; sans cette précaution,
il ne pourrait leur donner aucune appréciation. Supposons maintenant qu'il y ait dans une nation dix millions d'individus capables d'exprimer leurs goûts et
leurs besoins ; supposons, pour qu'on ne nous soupçonne pas d'exagération, qu'il y ait mille objets différens de commerce, et qu'il y ait cent manières de
varier chacun d'eux, dans ses rapports avec nos besoins et nos caprices ; pour avoir la totalité des ap-
préciations particulières, il faudra multiplier le nombre des individus par celui des objets, et multiplier
encore le produit par le nombre des combinaisons dont
est susceptible chaque objet ; vous aurez un résultat qui
excédera des milliards. Mais quelque méthode qu'on

emploie, un siècle ne suffirait pas pour exécuter cette immensité de supputations ; donc ; etc.

Mais accordons que les hommes sont assez hardis pour entreprendre cette supputation, assez intelligens, assez unanimes pour la conduire avec adresse , assez patiens pour la terminer ; elle ne sera pas finie, qu'il faudra la recommencer ; car les premiers apprécia-teurs n'ont sûrement pas l'ambition d'établir une taxe éternelle. Une génération n'a pas le droit d'en assu-jettir une autre à ses opinions et à ses loix positives. A plus forte raison, elle n'a pas celui de déterminer irrévocablement ses goûts et ses desirs ; donc, après chaque génération, il faudrait recommencer la sup-putation, &c.

Ce qui prouve encore l'absurdité du système des taxes, c'est son opposition manifeste aux desseins de l'au-teur de la nature ; car , s'il avait voulu que les hommes affectassent un prix égal et permanent aux objets qui appartiennent à leurs usages ; il se serait assujetti lui-même à des procédés uniformes et invariables dans l'organisation de l'homme et dans les productions de la terre. En donnant aux hommes la perfectibilité, en favorisant plus ou moins les développemens de cette qualité ; il leur a donné le principe de la diversité des goûts ; en leur permettant de varier leurs desirs et leurs jouissances, il leur a permis d'attacher à chaque objet une importance diverse ; en variant la quantité des productions de la terre, il a rendu variables le besoin et l'appréciation comparative ; donc la fixation du prix respectif de chaque objet usuel est contraire au plan de la nature.

Si

Si, malgré l'intention du créateur, on persiste à vouloir des taxes, il ne faudra point oublier de taxer la fertilité de la terre; sans cette précaution, il arrivera que des denrées de première nécessité seront tantôt rares, tantôt communes, et puisque la rareté ou l'abondance n'en changent point la valeur commerciale, dans les temps de rareté, rien n'engagera les propriétaires à s'en dessaisir; ils retiendront dans leurs magasins de quoi fournir à leur propre consommation pendant plusieurs années, dans la crainte que les récoltes suivantes ne soient plus stériles encore; et dans le cas où elles seraient abondantes, ils ne pourraient appréhender la baisse du prix, puisqu'il est supposé immuable. Il ne suffirait donc pas de fixer le prix des denrées; mais il faudrait encore obliger les propriétaires à vendre.

Mais accordons qu'aux bienfaisantes taxes, on joigne une loi pour empêcher tout approvisionnement qui excéderait la consommation de chaque famille; supposons qu'il n'y aurait pas de moyens d'éluder cette loi, le propriétaire sera contraint de vendre; mais à qui vendra-t-il? A ses amis, à ceux qui lui seront utiles, à ceux qui, en secret, ajouteront quelque chose au prix de la taxe. Pour éviter encore ces contraventions frauduleuses, il faudrait une nouvelle loi qui déterminât ceux auxquels chaque propriétaire serait tenu de vendre ses marchandises.

Ce n'est pas tout, il faudrait encore résister aux pernicieux effets du découragement ou de la paresse, en obligeant de cultiver, et en fixant la manière de le faire. Il faudrait empêcher le discrédit de l'argent;

I

il faudrait défendre, sous des peines très-rigoureuses ; tout marché qui ne se ferait pas purement et simplement avec l'argent ; autrement le commerce d'échange étant moins entravé, et favorisant davantage la variété des goûts, sera le seul en activité, et chassera l'argent de la circulation. Je vous vendrai ma marchandise pour la vôtre ; je vous livrerai de mes denrées, pour avoir votre travail, votre industrie ; et si on ne prend le parti de fixer pour tous, la même mesure de talens, le même dégré de force, je serai libre d'apprécier arbitrairement le travail, et j'aurai par là un très-vaste champ de décliner les taxes publiques.

Nota. En traitant les taxes, je n'ai exposé que les inconvéniens qui leur sont essentiellement inhérens, ceux qui sont indépendans des circonstances et des lieux ; j'en aurais bien d'autres à ajouter, si je voulais supputer tous ceux qui résultent du pitoyable système d'un gouvernement assez imbécille pour vouloir retenir les objets sous leur ancienne valeur, après avoir quintuplé ou décuplé la quantité du signe en circulation. Si tout-à-coup on quadruplait la quantité d'or monnoyé, on rendrait quatre fois moindre la valeur respective de l'or ; et le papier-monnoie qui n'est que son représentant, souvent même infidèle, aurait-il un privilège particulier ?

En voyageant, je me souviens d'avoir rencontré dans une auberge, un voiturier à qui j'ai entendu faire un raisonnement qui vaut mieux que tout ce qui a été dit par les protecteurs des taxes : ce n'est pas disoit-il, la faute du pain, s'il vaut dix sols la livre mais c'est la faute de l'assignat de dix sols, s'il ne vaut qu'une livre de pain ; ce n'est pas le pain qui est trop précieux ou trop rare, c'est l'assignat qui ne l'est pas assez ; ce n'est pas à ceux qui font du pain qu'il faut déclarer la guerre, mais aux causes qui ont fait quadrupler le numéraire fictif.

Le bonhomme raisonnait juste ; car dans tous pays, les denrées ne sont pas faites pour avoir de l'argent, mais bien l'argent pour avoir des denrées. Assujétir les denrées à l'argent, c'est contrarier cette destination naturelle. Si ma chaussure me gêne, ce n'est pas mon pied qui est trop long, mais c'est mon soulier qui est trop court.

Décréter l'émission d'un papier-monnoie, et défendre l'augmentation des denrées, c'est décréter que le papier servira à payer les dettes nationales, mais qu'il ne servira pas à payer les acquisitions particulières. Qu'entendez-vous par banqueroute ?

CONCLUSION.

Quel être assez désorganisé pourrait se persuader que des loix aussi absurdes fussent susceptibles d'exécution ? Nous en avons d'plus démontré l'injustice et les inconvéniens. Le système des taxes, soit qu'il atteigne tous les objets, soit qu'il se restreigne à quelques-uns, est donc physiquement impossible, tyrannique et désastreux.

Tout ce que nous avons dit sur la taxe des marchandises, peut aisément s'appliquer à celle des propriétés et de la consommation. Pour limiter uniformé-

ment les fortunes, il serait nécessaire d'empêcher de
réaliser, de thésauriser, d'avoir des créances, des
promesses, de faire des placemens simulés, &c.; pour
restreindre la consommation, il faudrait établir autour de chaque individu un tribunal d'inquisition,
pour surveiller ses dépenses secrettes, &c.

Quelques personnes qui ne se laissent conduire que
par l'influence de l'intérêt personnel et qui ne consul-
tent que le besoin du moment, ne voudront appercevoir dans nos principes que l'impunité garantie aux
accapareurs, aux avares, aux monopoleurs, aux ambitieux, aux intrigans. On ne rendrait pas justice à
l'exécration profonde que nous inspirent des monstres
antropophages, qui s'engraissent de la substance de l'indigent; rien ne peut égaler l'horreur que nous éprou-
vons pour ces calculateurs féroces qui, établissant leur
criminelle fortune sur la détresse et le désespoir de
leurs concitoyens, supputent froidement les moyens
d'accroître la misère publique. Quel être, assez dénatu-
turé, pourrait s'intéresser à des démons répandus
dans la société, pour tourmenter les hommes par les
privations et le besoin? Je déclare, dans la sincérité
de mon âme, que je ne vois, dans les magasins de
l'accapareur, que des monceaux de crimes; que, dans
les coffres du sordide avare, chaque écu me paraît un
forfait. Mais si vous voulez que je tue l'accapareur
et l'avare, apprenez-moi donc à distinguer infailli-
ment un accaparement inhumain, d'un approvisionnement utile aux consommateurs, et nécessaire au commerce; si vous voulez que je tue l'avare, apprenez-
moi à distinguer un écu coupable, d'un écu innocent.

Si, pour réprimer les accaparemens, vous proposez d'anéantir le commerce et l'industrie; si, pour donner un frein à l'avarice, vous proposez de détruire la propriété, je dis que ces mesures violentes entraineraient des calamités mille fois plus funestes que les abus auxquels on veut les opposer; c'est proposer, pour guérir un malade, de lui donner la mort; c'est proposer, pour détruire une bête féroce, de tuer tous les animaux utiles; c'est proposer, pour tout dire en un mot, d'exterminer toute espèce de liberté, pour obvier aux excès de la licence.

Je suis bien éloigné d'éprouver quelque pitié pour des êtres atroces qui prennent eux-mêmes cette vertu pour une faiblesse, et qui opposent des entrailles d'airain aux larmes de l'indigent, et aux accens plaintifs du besoin. Si je m'oppose aux moyens de violence qu'on voudrait diriger contre les accapareurs et les avares, c'est parce qu'étant retranchés derrière la liberté de commerce et le droit sacré de propriété, on ne peut les atteindre sans avoir forcé leurs retranchemens, et sans avoir, par conséquent, dissous l'ordre social, puisque sa base est le droit de propriété, et sa vie est la liberté de commerce. C'est parce que la nature a tellement enlacé le bien et le mal dans l'ordre physique comme dans l'ordre moral, qu'il est impossible, par des moyens généraux et impétueux, de déraciner l'un sans détruire l'autre. Je ne protège pas l'ivraie; si je ne veux pas que, pour l'extirper, on étouffe le bon grain, je demande qu'on emploie des remèdes qui, respectant le bien, n'agissent que sur le mal. Je crois avoir démontré que les moyens de la

I 3

violence ne réunissent point ce double caractère ; qu'ils causeraient à la société des convulsions destructives ; j'ai démontré aussi que les moyens d'opinion étaient les seuls qu'on pût opposer utilement aux maladies morales des nations ; leur efficacité est lente, à la vérité, mais elle est sûre. Un peuple qui n'a pas le courage d'attendre l'influence des mœurs publiques, est un peuple profondément corrompu.

Je sais que les taxes et la contrainte peuvent produire le bien du moment, produire une abondance éphémère ; mais regardez derrière cette abondance et vous appercevrez l'industrie consternée, le commerce anéanti, la plus affreuse misère se hâtant de nous apporter des regrets inutiles, en venant contraster avec les premiers effets de la violence. Cette abondance phosphorique est celle d'un homme qui, en quelques jours, absorbe toute sa fortune par les dépenses fastueuses du luxe, et qui retombe ensuite bien au-dessous de la médiocrité.

Le procédé des taxes ressemble à celui des sauvages de la Louisianne, qui coupent l'arbre par le pied pour en recueillir les fruits.

Celui qui méprise les leçons de la sagesse, sera instruit par l'indigence. La liberté indéfinie de commerce, la plus parfaite sécurité dans la propriété, communiquent aux objets commerciaux une fluidité qui leur fait prendre le même niveau dans toutes les parties de la communauté civile ; ce sont les seules dispositions capables de produire une abondance durable, parce que ce sont les seuls moyens de mesurer l'affluence ou la rareté des choses ; il n'y a que l'inquiétude qui ra-

lentisse la circulation, et opère des engorgemens : ce
sont les seules dispositions qui soient conformes à l'économie politique. Le gouvernement est l'économe de
la grande famille; il doit résister aux desirs irréfléchis
de la multitude; il doit avoir le courage de faire le
bien du peuple malgré lui.

OBJECTIONS.

« 1°. Quand une nation est trop généralement cor-
rompue, pour que les moyens d'opinions soient effi-
caces, dans des temps où le peuple se gouverne immédiatement, il y a des mesures révolutionnaires plus
expéditives que les mesures morales; ces mesures,
à la vérité, s'écartent des principes, aussi sont-elles
passagères; mais tenir le peuple éternellement soumis aux règles de la justice, c'est vouloir le plonger
dans une apathie; c'est vouloir l'habituer à un dévouement servile, qui lui ôte son énergie, et le prépare à
l'esclavage. De la tyrannie du bon ordre, à la tyrannie d'un despote, il n'y a qu'un pas; il est bon
d'exercer le peuple à secouer le joug de la morale,
afin qu'il ne désapprenne pas à secouer celui des tyrans, si jamais il en pouvait reparaître.

2°. « Puisque sous la protection des principes, les
abus se multiplient, lorsqu'ils sont devenus assez oppressifs pour que leur répression violente soit plus utile que
la supension momentanée des principes ne sera funeste;
c'est bien là le cas de les attaquer de vive force. Le
peuple doit alors obéir à un sentiment énergique qui,
dans ses inspirations intermittentes, l'emporte sur tous

les autres, c'est le sentiment de la nécessité ; la loi suprême du peuple est son propre salut : *salus populi suprema lex esto*. Cette maxime est antérieure à toute morale, à toute justice ; cette maxime sanctifie tous les moyens nécessaires à son exécution.

» Or qui peut juger le salut du peuple, si ce n'est le peuple lui-même ? C'est donc au peuple qu'il appartient de suspendre l'empire des loix et celui de la justice sociale, pour exterminer par un acte immédiat de souveraineté, des abus qui menacent son salut. Ces actes extraordinaires sont des miracles politiques, puisqu'ils arrêtent le cours des loix sociales ; ils fournissent tout-à-la-fois et la mesure de l'énergie nationale, et la preuve de la haine du peuple pour le vice ; ces actes étonnent la raison, mais ils ne l'offensent pas ; ils ne sont plus dirigés par de froids raisonnemens, mais par un instinct plus sûr et plus impérieux que les règles méthodiques, par cet instinct toujours droit, toujours inflexible, qui fait *que la voix du Peuple est toujours la voix de Dieu*.

3°. » Les loix, les conventions sociales, les fonctions publiques sont créées par le peuple ; or qui peut contester au créateur le droit d'écraser par un acte particulier de sa volonté suprême, des créatures insolentes et rebelles.

4°. » La propriété, la liberté de commerce sont établies sur la garantie sociale ; le peuple est-il obligé de continuer sa garantie à des institutions devenues vexatoires ? Un homme généreux se laissant attendrir sur le sort d'un serpent expirant, le met dans son sein pour le réchauffer ; dès que l'animal, par l'effet d'une chaleur douce et salutaire , eut repris la vie et les forces, le premier usage qu'il en fit, fut de piquer le sein de son bienfaiteur; était-ce un devoir pour célui-ci de conserver dans son sein l'ingrat animal, jusqu'à ce qu'il l'eût mortellement déchiré ? il est aisé de voir que cet homme généreux est le peuple qui donne l'existence à la propriété, et la vie au commerce ; que les propriétaires et commerçans qui abusent de leurs richesse , et de leur industrie pour tourmenter le peuple, sont le serpent de la fable. Le peuple est-il obligé de protéger ses oppresseurs ? Est-il obligé de mourir de faim en respectant les propriétés ? Où est donc le droit de résister à l'oppression.

Réponses. On ne m'accusera pas d'avoir affaibli les raisonnemens sur lesquels on veut établir les mesures violentes et irrégulières;on voit assez qu'il est facile de varier les objections que je viens d'exposer, et que les mille formes différentes dont elles sont susceptibles, peuvent, en associant le sophisme et l'imagination à la scélératesse, fournir abondamment à la composition d'une feuille journalière, toujours insidieuse , toujours flatteuse et toujours agréable à la portion de la multitude la plus dépravée ou la plus ignorante (1).

Les argumens que nous avons à réfuter, n'ont qu'qu'apparence de force que par l'ambiguïté des mots, et par une fausse interprétation de maximes vraies en elles mêmes : ainsi, pour les anéantir, il suffit de fixer par de bonnes définitions, les idées qu'il faut attacher aux mots, et de déterminer avec précision la juste

---

(1) L'ami du Peuple, par Marat.

étendue que comportent les principes politiques dont
en abuse.

Premièrement. Il n'y a que les insensés et les voleurs
qui soient tyrannisés par la raison et le bon ordre.
De la tyrannie du bon ordre à la tyrannie d'un despote il n'y a qu'un pas, et ce pas est fait, dès qu'on
s'écarte un instant des maximes inflexibles de la justice, pour se laisser séduire par les sophismes du char-
latanisme populaire.

Un peuple n'est jamais plus ignominieusement tyrannisé que pendant l'anarchie; un peuple n'est jamais
plus glorieusement libre, que lorsqu'il est invariablement soumis à la raison et à la justice.

Deuxièmement. Les abus ne se multiplient derrière
les principes, que parce que ceux-ci sont incomplet-
tement reconnus; parce que l'opinion est mal dirigée,
parce que la morale nationale est vicieuse; mais le
remède contre les abus est dans l'inviolabilité même
des principes, dans la force et dans la pureté de la
conscience publique : faut-il répéter encore que les
maux ne se réforment pas à coups de piques ?

La violation des principes est mille fois plus funeste
à l'harmonie politique que la continuation des abus.

La maxime du salut du peuple est intrinsèquement
vraie, mais elle est aussi sujette à une infinité de
fausses applications : où trouver des juges impartiaux
et indéfectibles dans l'usage d'une maxime dont les
interprétations erronées bouleversent la société ? J'entends par *Peuple* la collection de tous les individus
qui composent une société, quelle que soit entr'eux
la différence d'états, de fortunes et d'opinions poli-

tiques ou religieuses. Cette définition ne conviendra pas
trop à certains déclamateurs qui font consister tout l'é-
difice social dans les greniers et tout le peuple dans
la partie de la multitude qui distribue le civisme et
qui vend sa conscience à 40 sols par séance.

Le salut du peuple consiste essentiellement dans
celui des principes fondamentaux de l'association : or
l'association exige sûreté, propriété et liberté pour
chacun de ses membres, prospérité, dignité extérieure
et pureté d'opinion pour la communauté. Qu'on me
dise maintenant si le pillage des magasins est un hommage à la sûreté, à la propriété, à la liberté individuelle? qu'on me dise si le brigandage des taxes, des
réquisitions arbitraires est nécessaire à la prospérité du commerce, à la dignité diplomatique de la
nation, et à l'épurement des mœurs publiques?

Le salut du peuple ne donne pas plus de droit à une
nation, que le salut d'un individu n'en donne à celui-ci
dans la vie sauvage.

Pour que cet sublime enthousiasme, cet instinct régulateur qui fait des miracles politiques en suspendant
le cours de la raison et de la justice, fût la voix du
peuple et non pas celle d'un journal ou d'un tripot,
il faudrait qu'il fut spontané et moralement universel;
sans cela, vous faites de la société une aggrégation monstrueuse de fanatiques, de trembleurs, d'illuminés, de
factieux, d'agitateurs, &c.

Oh misérables! qui avez abusé des maxime les plus
sacrées pour faire commettre les forfaits les plus
inouis, le temps approche où la turpitude de vos ames
va être mise au grand jour, où vos noms infâmes vont

être condamnés à rouler de générations en générations la haine et l'ignominie.

Troisièmement. Les conventions sociales sont l'effet des besoins du genre humain ; tout individu, toute nation est obligée de les respecter éternellement ; le peuple n'a point créé la justice et la raison ; le créateur de l'homme l'a soumis indispensablement à leurs maximes.

Quatrièmement. La liberté de commerce et la propriété sont fondées sur la garantie sociale, parce que leur inviolabilité est nécessaire au bien public ; il n'y a aucun prétexte valable d'y porter atteinte.

La comparaison du serpent n'est pas juste, parce que le bienfaiteur qui est piqué n'a pas besoin de cette piqûre, il n'en reçoit aucun avantage : il faudrait comparer la liberté indéfinie de commerce à un remède désagréable, mais nécessaire pour rendre la santé.

On a parlé du droit de résistance à l'oppression; mais le consommateur ne peut invoquer ce droit hors le cas de l'extrême nécessité, et nous avons déjà expliqué ce qui se rapporte à cette supposition : si on tourmente le propriétaire par des taxes arbitraires et injustes, c'est lui seul qui a le droit d'opposer la résistance à l'oppression.

§. V I.

Il appartient à cette Dissertation d'épuiser et de combattre toutes les suppositions que la perversité humaine peut opposer aux principes naturels de l'association; s'il n'est point à craindre que des systèmes visiblement insensés deviennent contagieux; il est bon toutefois de faire ressortir l'ineptie ou la maligne hypocrisie de ceux qui essaient de séduire une portion du peuple, en lui présentant des rêves agréables à la paresse et à la jalousie.

I. *Communauté des biens.*

Je dirai très-peu de choses sur cette hypothèse; elle est déjà victorieusement réfutée par ce qui a été dit sur la création de la propriété (1): j'ajouterai seulement que si elle ne put se réaliser au Paraguay, dans une société naissante et peu nombreuse, mue par l'enthousiasme religieux et dirigé par des missionnaires qui possédaient au suprême degré l'art d'inspirer la confiance et de maintenir la subordination; elle est à bien plus forte raison impraticable dans l'état actuel du genre humain divisé en nations, qui, par leurs relations réciproques, ont augmenté et varié à l'infini leurs besoins et leurs desirs; développé d'une manière miraculeuse la perfectibilité de l'espèce, et qui ont multiplié dans la même proportion les valeurs commerciales dont se compose ce qu'on appelle richesse, fortune.

Il est des biens indivisibles, tels que la paix et la liberté, qui ne peuvent se partager; les particuliers jouissent de la totalité comme le public. *Sénèque.*

La possession de ces biens est tellement communale, que la communauté et les individus ne peuvent en jouir séparément; si un acte arbitraire ravit la liberté à mon voisin, je dois trembler pour la mienne; et celui qui tremble est esclave.

_____

(1) Histoire des Indes, par Raynal.

II. *Loi agraire, ou partage des biens.*

Puisque l'établissement de la communauté des biens est impraticable dans la situation présente de l'espèce humaine, ne pourrait-on pas substituer à cette communauté chimérique, l'égalité physique des propriétés, en partageant en lots égaux, tout ce que possèdent les divers membres de la société?

Ne pourrait-on pas rendre permanente cette égalité de fortune, par de bonnes institutions ou par la répétition fréquente du partage?

Il semble que par cet établissement, on conserve la douceur et les avantages de la propriété, en même temps qu'on évite les inconvéniens des grandes fortunes : on bannirait tout-à-la-fois de la société, et le luxe et la misère : la partie nombreuse dont la subsistance n'est fondée que sur les caprices, sur la pitié dédaigneuse, ou même sur les crimes du riche, serait attachée à l'ordre public et à la morale sociale par les liens de la reconnoissance et de l'intérêt : chacun travaillerait avec plus d'activité et d'agrément, parce que chacun travaillerait immédiatement pour soi.

Réponse. La question des partages égaux et durables se réduit à celle-ci : est-il possible, est-il bon de briser l'harmonie politique d'une nation pour en placer isolément toutes les facultés, ou plutôt tous les individus au centre d'une propriété égale, qu'ils cultiveraient tous également sans aucune communication ni dépendance réciproque?

J'humilierais mon lecteur, si je donnais de longs développemens à une pareille question; il me suffira de renvoyer aux principes déjà exposés dans cet ouvrage, desquels il résulte ;

Premièrement. Que ce partage serait injuste, puisqu'il y a une raison de laisser le superflu à celui qui le possède ; que le partage ne pourrait être demandé que par la totalité des citoyens ; qu'on ne pourrait en fonder la demande, ni sur le droit naturel, ni sur la morale, ni sur l'égalité, &c.

Deuxièmement. Que ce partage serait infiniment désastreux : en détruisant le commerce et les arts, il rendrait tout le monde pauvre malheureux ; priverait les vieillards, les infirmes des secours qu'ils ne peuvent trouver que dans la société ; en détruisant toutes les liaisons civiles, il mettrait tous les individus à la discrétion de l'insolence et de la force, &c.

Troisièmement. Qu'il est impossible : car il faudrait partager tous les moyens de richesses ; l'industrie, la force, l'intelligence, &c. et n'y eût-il que des terres à partager, il faudrait pour en venir à bout, qu'elles fussent toutes de la même fertilité, de la même nature et du même climat, &c.

En voilà bien assez pour faire sentir qu'une idée qui n'a d'autre mérite que de plaire à cette portion de la multitude, toute-à-la-fois paresseuse et avide, qui n'approfondit rien, qui rapporte tout à son intérêt du moment, à son impatience de changer tout, de tout bouleverser ; qu'une pareille idée, dis-je, ne peut se fixer dans la tête d'un économiste éclairé, d'un Législateur honnête. Celui-ci se dégage de tous préjugés, de toute considération particulière, pour ne s'occuper dans ses méditations que de l'utilité commune ; il fait abstraction des individus pour ne s'occuper que du bonheur de l'espèce et des générations successives qui la composent ; il ne supputé dans les institutions politiques, que les rapports qu'elles ont avec le bien général, avec l'unité du genre humain, avec la morale et la paix publique. Ce n'est point d'après la situation particulière de quelques individus qu'il établira son système de législation ; ce n'est pas d'après les préventions ou les habitudes d'une multitude ignorante ou dépravée, qu'il réglera la morale publique : c'est la nature elle-même qu'il interrogera, en développant ses préceptes et ses conseils avec autant d'impartialité que s'il existait seul : il prépare avec un noble désintéressement l'édifice social, pour en rendre l'habitation sûre et tranquille à tous ; il prévoit qu'infailliblement quelques-uns y seront mieux logés que d'autres ; mais il ne veut pas que pour éviter cette inégalité, on le renverse : il trouve des moyens de faire disparaître une inégalité accidentelle et indifférente, dans l'élévation des sentimens, dans la pratique des vertus sociales, dans des idées justes sur la valeur des richesses. Le Sage mesure la hauteur de l'homme sur son mérite et ses talens ; il compte pour rien les dehors imposteurs de l'opulence, parce qu'ils cachent plus souvent le vice que la vertu ; parce que jamais ils ne sont l'expression des qualités personnelles : le philosophe véritablement ami du peuple, est bien éloigné de placer dans des richesses imaginaires, le bonheur et la dignité de l'espèce humaine ; il instruit l'homme à s'élever en se rapprochant de la nature ; il lui procure, par la connaissance réfléchie de son pro-

pre

dré cœur et par les leçons de l'expérience, qu'il ne fait rien pour son bonheur en s'éloignant de la simplicité des goûts originels; il lui enseigne avec Sénèque « que les élémens du bonheur sont une bonne conscience; de l'honnêteté dans les projets; de la droiture dans les actions; du mépris pour les biens fortuits; de la liaison, de l'ensemble, de l'uniformité dans la conduite; que la vertu passe fièrement entre la bonne et la mauvaise fortune, en jettant sur l'une et l'autre un regard méprisant ».

Moins on a de besoins, plus il est aisé de les satisfaire, plus on approche de la félicité : quiconque a médité ses propres affections, ou observé l'expérience des autres, est bien instruit que les desirs et les goûts factices ajoutés aux besoins de la nature, ne sont que des obstacles au bonheur; parce qu'ils sont insatiables, parce qu'ils s'enflamment et s'irritent continuellement par les jouissances. Il est démontré par celui qui a étudié les diverses conditions de l'espèce humaine, qu'au-de-là de la suffisance, il y a plus de privations et d'amertumes que de contentement et de délices.

« Le mortel le moins indigent est celui qui desire le moins. On a tout ce qu'on veut, quand on ne veut que ce qui peut suffire ». (*Sénèque.*)

La nature simple et modeste a voulu réunir tous ses enfans autour d'elle pour les faire jouir d'une félicité innocente ; nul ne peut impunément s'en écarter pour aller ailleurs chercher une félicité chimérique; elle fait poursuivre les transfuges par les remords et les soucis; toutes leurs jouissances sont empoisonnées, et il n'y a plus pour eux de moyens de retrouver le bonheur qu'en

K

se rapprochant de la mère commune par la raison, les mœurs et le désintéressement.

La bonne philosophie enseigne ce que l'expérience confirme : qu'il y a plus de bonheur et d'innocence sous le chaume que sous les lambris dorés. Celui-là n'est point l'ami du pauvre, qui animé par une haine farouche contre le riche, plutôt que par un sincère intérêt pour l'indigent, travaille à corrompre celui-ci en lui inspirant une ambition qu'il n'éprouve pas, et des desirs perturbateurs du repos public et du sien propre.

Un système qui ne serait pas établi sur cette morale, serait un système de désorganisation. Eriger en principe que le bonheur et la dignité de l'homme se proportionnent à son opulence ; que l'égalité politique et morale est inséparablement liée avec l'égalité physique des fortunes, c'est proclamer la dissolution de l'ordre social.

Des Législateurs qui s'écartent des mœurs de la nature et des principes immuables de la subordination sociale, pour s'abandonner à l'impulsion capricieuse des goûts immoraux et des desirs insensés de la multitude, ressemblent aux atômes dénués d'intelligence et de liberté qui s'agitent dans le vuide par un mouvement indéfini, qui se rencontrent, se heurtent, se repoussent ou s'accrochent fortuitement ; je crois qu'Epicure avec ses hasards donnerait plus aisément de la constance et de la majesté aux loix du monde physique, que de semblables Législateurs ne donneraient de la justice et de la sagesse au monde moral.

III. *Impôt progressif.*

L'impôt progressif, quoiqu'il répugne également aux principes de l'association, présente pourtant en apparence moins d'absurdité que les institutions que je viens de réfuter : on peut faire valoir en sa faveur quelques premiers apperçus, assez spécieux pour en imposer à ceux qu'il ne pourrait atteindre, et pour mériter la protection de ces discoureurs frivoles et légers qui, n'aimant pas la sagesse, parce qu'elle exige un esprit juste et un cœur honnête, prostituent leurs talens à la défense des paradoxes.

Je pourrais me borner pour la discussion de cet article, à ce qui a été dit dans l'explication du second principe sur la propriété, paragraphe II ; et si j'ajoute ici quelques développemens, c'est dans le dessein d'opposer à de méprisables sophismes, un faisceau de lumières qui dissipe l'erreur et le mensonge dont s'environnent les charlatans révolutionnaires.

L'impôt progressif ne doit pas être confondu avec les taxes somptuaires qui ne frappent que sur tel usage déterminé de la fortune, et non sur la fortune elle-même ; l'impôt progressif, de quelque manière qu'on l'envisage, n'est autre chose qu'une défense d'excéder tel taux de fortune sous peine d'amende, et tel autre taux, sous peine de confiscation : or un impôt de cette nature est injuste dans son principe, pernicieux dans ses effets et impraticable dans sa répartition.

1º. Il est injuste ; car c'est l'initiation de la loi agraire ; c'est par ce procédé qu'on peut anéantir toutes les fortunes, tout industrie, tout commerce ; car il ne peut

K. 2

y avoir de raison d'arrêter l'action de cet impôt : toutes
les fortunes sont comparatives; après les premières, les
secondes deviennent aussi injurieuses, aussi insupportables que celles-là.

L'impôt progressif est une taxe odieuse, établie sur
l'industrie et le talent, qui n'est point fondée en droit;
car sur le superflu, la société n'en a point d'autre que
celui d'établir des impôts exactement proportionnés à
la fortune de chacun pour assurer la subsistance de
tous, et acquiter les charges publiques, &c.

Si le but de l'impôt progressif est de nous rapprocher de l'égalité des fortunes, cette raison mène directement à la loi agraire : si c'est pour rendre tous les
hommes riches, ce motif est absurde et immoral : donc
ni le droit naturel, ni l'économie politique, ni la morale sociale ne fournissent un titre à la société pour
anéantir les grandes fortunes.

Qu'on ne perde jamais de vue le principe que nous
avons établi sur la propriété; qu'elle n'est point faite
pour le Gouvernement, mais bien le Gouvernement
pour elle; qu'il n'y a dans le monde ni autorité, ni
souveraineté qui puisse détruire la propriété; que le
droit de propriété est par sa nature indivisible et illimité; que si la loi le restreint, elle l'anéantit.

2°. L'impôt progressif est nuisible à la fortune publique; car, en France sur-tout, elle dépend principalement de la valeur des propriétés territoriales, et
cette valeur se proportionne toujours à la concurrence
des acquéreurs; or cette concurrence est considérablement diminuée par ce funeste impôt : il fera donner la

préférence à tout autre placement de fonds que la loi ne pourra atteindre ; il y favorise les banques, l'agiotage aux dépens de l'agriculture.

Cette mesure, dans les ci reonstances présentes, serait doublement désastreuse ; en désappréciant les propriétés foncières, elle effraie les capitalistes nationaux et étrangers, et diminue la masse des richesses communes. Je garantirais bien que les déclamations indiscrètes de quelques hommes publics sur l'impôt progressif, ont fait à la richesse nationale un tort qui surpasse les déprédations du *livre rouge*.

3°. Il est encore impossible dans l'exécution : si cet impôt était exclusivement borné aux propriétés foncières, il serait horriblement tyrannique : il faudrait l'étendre aux fortunes commerciales, aux revenus d'industrie ; autrement l'état de danseur serait préférable à celui de laboureur. Mais qui n'apperçoit l'impossibilité de donner cette extension à l'impôt progressif ?

Il faudrait suivre les objets dans tous leurs changemens de possesseurs ; il faudrait établir une inquisition sévère à la poursuite de chaque propriété : qui ne voit qu'il y aurait lieu à exercer éternellement des faveurs ou des vexations arbitraires ? Qui ne voit que la moitié de la société serait occupée à espioner, à dénoncer l'autre ? Toute la société serait composée de contrebandiers et de délateurs.

§. I V. *De l'Hérédité.*

Je me crois obligé de dire un mot sur l'hérédité des fortunes, parce que j'ai déjà entendu murmurer contre cette institution. Il est vrai qu'elle a contre elle d'être aussi ancienne, aussi universelle que la propriété, et ces deux caractères de réprobation pourront bien lui attirer la disgrace de nos réformateurs atrabilaires, qui, persuadés qu'avant eux l'univers étoit dans le délire, veulent bouleverser tous les usages anciens et changer les inspirations de la nature. Il est possible qu'ils trouvent des partisans parmi ceux qui, n'ayant rien à espérer de leur père, ne conçoivent pas comment l'hérédité est un moyen d'acquisition.

L'hérédité des fortunes, selon l'ordre de la parenté, est le moyen le plus sûr, le plus naturel de les répartir; en évitant les gaspillages, les distributions arbitraires et les vols, il conserve au désir d'acquérir toute l'activité qui est utile à la société. La suppression de l'hérédité ne tombât-elle que sur la partie qui excéderait un taux déterminé, serait funeste au commerce, corruptrice de la morale publique, destructive de l'agriculture, et impossible dans l'exécution.

1°. Funeste, &c. De quelque manière que la société soit organisée, l'homme aimera toujours plus fortement et sa propre personne, et les êtres qui lui appartiennent par les liens de la nature, et qui souvent ont contribué, par leur travail, à l'augmentation de sa fortune, il les aimera, dis-je, plus fortement que ceux qui n'ont avec lui que des rapports vagues et généraux, exprimés par les mots de *communauté civile*; il fera, par conséquent, tous ses efforts pour éluder la sévérité de la loi; il fera le moins possible pour la communauté. Lorsqu'il aura atteint le taux de fortune au-delà duquel l'hérédité serait supprimée, il aimera mieux enfouir ses capitaux ou les dissiper en jouissances frivoles, que de les employer à faire des avances utiles au commerce, dont il n'aurait pas la certitude de jouir, ou par lui, ou par les siens; il ne construira pas de manufactures; il ne fera pas d'établissemens dans les colonies; il ne sacrifiera rien aux grandes spéculations dont le produit éloigné appartiendrait à des êtres qu'il ne connaît point, et qu'il aime faiblement; il dirait : après moi, le déluge, &c.

2°. Corruptrice, &c. Dans les grandes fortunes, ce qui excéderait le taux légal, serait un revenu viager, et comme placé à fond perdu : or la réflexion et l'expérience concourent à prouver que ce genre de placement rend égoïste et dissipateur. Un père opulent aimera mieux dépenser, pendant sa vie, ce qu'il ne pourrait laisser à ses enfans après sa mort; il les accoutumera aux dépenses du luxe ; il les corrompra par la molesse; il leur laissera des habitudes de prodigalité et de paresse qui seront le principe de leur tourment et de leur dépravation, &c.

3°. Destructive, &c. On préférerait le genre de propriété qui pourrait se soustraire le plus aisément à la rigueur de la loi; ainsi on éviterait les possessions territoriales. Lorsqu'on toucherait au terme de la vie, on se dépêcherait de les vendre; on les vendrait à vil prix, pour en cacher le produit et le distribuer secrettement aux héritiers naturels. Si on ne pouvait les vendre, on les laisserait en friche pour économiser au moins les frais de culture. Les vieillards résigneraient leur fortune, pour la placer sur des têtes de plus lon-

gne espérance. Pour empêcher ces procédés déclina-
toires, il faudrait défendre de vendre ou de donner ;
or cette prohibition main-mortale désapprécierait infiniment les biens territoriaux. S'il n'était pas permis
de vendre ou d'acquérir, ou rentrerait sous la loi
agraire, &c.

4°. Dans l'exécution, les obstacles sont les mêmes
que pour l'impôt progressif. Toutes ces mesures violentes se ressemblent autant par leur absurdité, que
par leur injustice ; donc, &c.

Cet usage des propriétés amovibles, ajoute Raynal, a été universellement réprouvé par tout les hommes éclairés. Le systême de quelques spéculateurs
hardis, qui ont regardé les propriétés, et sur-tout les
propriétés héréditaires, comme des usurpations de
quelques membres de la société, sur d'autres se trouve
réfuté par le sort de toutes les institutions où l'on a
réduit leurs principes en pratique. Elles ont toutes mi-
sérablement péri ; après avoir langui quelque temps
dans la dépopulation et l'anarchie. (*Histoire Philo-*
soph. et Polit. des Indes par Raynal, tom. III;
pag. 306.)

Objection. Vous rejettez, me dira-t-on, tous les
moyens capables de faire cesser le contraste doulou-
reux du luxe et de la misère ; d'opérer l'abaissement
des hautes fortunes, et la division des grandes propriétés.

Rép. Il faut être de bon compte, et convenir que
cette objection se présente à l'esprit de ceux que le
luxe scandalise, et que l'indigence afflige. Mais ce n'est
pas assez, pour un économiste, d'être sensible, il faut

sur-tout être judicieux et juste; il doit, par conséquent, repousser les moyens violens et iniques d'arriver à un résultat qui, au premier abord, paraîtrait avantageux.

Les moyens que j'ai combattus, sont injustes; je vais peser l'avantage qu'on leur attribue.

Le luxe n'est rien, sinon un usage ridicule, orgueilleux et insensé des richesses. Cette définition n'en fait assurément pas l'éloge; mais quoique je ne sois pas le flatteur du luxe, je maintiens que les moyens violens qui n'ont d'autre effet que de le faire disparaître, en convertissant ses folles dépenses en trésor cachés et oisifs, sont mille fois plus funestes que les abus qu'ils poursuivent. C'est au Gouvernement et à l'opinion publique à réformer le luxe, en dirigeant les goûts de l'opulence vers des objets utiles et louables.

La misère publique consiste dans la difficulté de se procurer les choses nécessaires ou utiles à la vie. La misère particulière consiste dans la difficulté qu'éprouvent certains individus de se procurer leur subsistance au milieu de l'aisance générale.

La misère publique est produite par deux causes, le dépérissement de l'agriculture, et l'inertie du commerce. (Je ne compte pas ici les événemens extraordinaires, ces calamités de la nature, qu'il n'appartient au Gouvernement ni de prévoir ni de détourner.)

Lorsque l'agriculture et le commerce sont florissans, il n'y a plus de misère publique, et la misère particulière est la moindre possible; on peut même affirmer que, s'il échappe à leurs bienfaits quelques

indigens, c'est l'infirmité, et le plus souvent la paresse, qu'il faut en accuser ; et dans l'un ou l'autre cas,
on ne soulagerait pas leur misère, si on les fixait à la
culture d'une propriété particulière, pour en arracher leur subsistance.

Examinons maintenant ce que la division des grandes
propriétés, et l'abaissement des hautes fortunes, peuvent apporter de prospérité à l'agriculture et au commerce. Pour bien juger ce point important d'économie
politique, il faut se mettre à l'abri des sollicitations du
riche, et des menaces du pauvre.

1°. Les grandes propriétés territoriales sont mieux
cultivées que les petites, et avec moins de frais, et
moins de bras à proportion. Supposez qu'un corps de
labour de six charrues, soit partagé entre six particuliers, il en coûtera plus de fonds et plus d'hommes
pour monter les six laboureurs, que pour équipper le
cultivateur général ; et celui-ci trouve bien plus de
ressources que les autres, dans l'ensemble de sa ferme,
pour opérer des défrichemens, pour mettre en valeur
des terres médiocres, pour faire supporter à chaque
partie les productions qui lui sont propres, &c.

La terre est la première manufacture, et comme
toutes les autres, elle exige une grande réunion de
matières, d'instrumens et de bras, pour obtenir, par
la subdivision du travail, le plus grand produit possible.

Dispersez les ouvriers d'une manufacture d'épin-
gles ; tel, isolément, n'en fera peut-être qu'une par jour,
tandis que, par la subdivision du travail, dans la manufacture, il en faisait la dixième partie de quarante

huit mille, et encore dans un établissement pauvre
et mal pourvu des machines nécessaires. Dans les fa-
briques riches et bien organisées, le grand art de faire
une épingle se compose de dix-huit manipulations
bien distinctes, dont chacune forme l'objet d'un mé-
tier particulier.

« L''impossibilité, ajoute Smith, de séparer d'une Richesse des
manière aussi sensible, toutes les branches de l'agri- Nations, t. I.
culture, est peut-être ce qui empêche la perfection
de cet art de marcher d'un pas égal avec la perfection
des manufactures ».

Or il est incontestable que le grand cultitivateur a
plus de facilité d'approcher de cette subdivision de
travail, en affectant chacun de ses ouvriers à la partie qui lui convient; chez le petit cultivateur, au contraire, la même main laboure, herse, sème, mois-
sonne, bat, &c.

2°. Le commerce comprend tout ce qui a rapport aux
manufactures, à la navigation, à l'échange des denrées; le commerce est un mouvement immense qui
enfante cette opulence universelle, qui circule et
court se répandre à travers toutes les classes et tous
les membres de la société. Ce grand mouvement ne
peut être produit et entretenu que par de grandes
causes, une grande industrie, une grande fortune,
une grande hardiesse. Le commerce a des ressources
secrettes qu'il ne découvre qu'à l'expérience et à la
sagaçité; il possède de vastes trésors, qu'il n'ouvre
qu'à celui qui lui avance des fonds considérables; il
s'environne de grands périls, et ceux qui ont l'audace
de les affronter, obtiennent seuls ses faveurs.

Le commerce, tour-à-tour père et enfant de l'opulence, veut bien nourrir l'indigent, mais il ne veut point être conduit par ses mains.

Les nations les plus commerçantes sont les plus riches, et les nations les plus riches sont les plus commerçantes.

Demander l'abaissement des hautes fortunes, la diminution des grandes propriétés, c'est demander le partage des terres, des manufactures, des vaisseaux, des talens, de l'industrie, &c.

Si je n'ai rien dit des sciences et des arts, c'est que leur cause ne peut se séparer de celle de l'agriculture et du commerce. Ceux-là, enfans du superflu, disparaissent avec l'opulence; c'est à la richesse qu'ils font payer des productions utiles à toute la société.

Il ne faut pas, toutefois, que les principes que je viens d'exposer, dissipent les soucis de l'avare, appaisent la conscience de l'usurier, augmentent l'insolence du riche fastueux. Les grandes propriétés, les grandes fortunes, sont les greniers d'abondance d'une nation, lorsque ceux qui les possèdent sont justes, actifs, industrieux et bienfaisants; mais s'ils manquent de ces qualités morales, ce sont des vipères que le ciel devrait écraser sur la plaie qu'elles font à la patrie.

De ces considérations, et d'une foule d'autres que chacun peut ajouter, je conclus que le morcellement des terres, que la destruction des fortunes industrielles, loin de concourir à la prospérité de l'agriculture, des arts et du commerce, y porte les plus mortelles atteintes; que par conséquent, il n'est point de l'intérêt général, ni de celui des pauvres en particulier, que la

législation tende à opérer ces diminutions, ces partages, &c.

C'est une chose bonne à observer, que les philantro-
pes hypocrites qui, dans les révolutions politiques, cherchent à accaparer la multitude en affectant un zèle
éternel et infini pour ses intérêts, ne proposent pas une
seule institution qui lui soit réellement utile, et pervertissent même les bonnes, en leur donnant une extension
que réprouve la sagesse. Un homme vertueux concevrait plutôt l'idée de partager les indigens entre les
riches, que celle de partager les richesses entre les indigens : j'aimerais une législation qui, honorant l'indigence honnête et laborieuse, inspirerait aux familles
opulentes la noble émulation de fournir à l'envi aux
besoins des nécessiteux.

Dans les beaux temps de la république d'Athènes,
les citoyens indigens, au rapport d'Isocrate, loin de
porter envie aux riches, étaient aussi zélés pour les
intérêts des maisons opulentes, que pour les leurs propres, persuadés que la prospérité de ces maisons était
pour eux une ressource toujours ouverte. Les citoyens
fortunés, sans mépris pour l'indigence, regardaient
comme une honte pour eux, la pauvreté de leurs com-
patriotes, et les secouraient dans leurs besoins. Voilà
des mœurs !

Ils sont donc bien insensés, ils sont bien méchans
ces démagogues perfides, qui par leurs déclamations
vagues et violentes, appellent les fureurs de la multitude sur les marchands, les riches, les propriétaires :
il est donc des êtres intimement démoralisés, qui ava-
lent l'iniquité comme l'eau : il est des êtres dont l'élé-

ment naturel est le désordre, dont l'ame calcinée par la longue fermentation de tous les crimes individuels, ne sent plus que le plaisir de commettre des forfaits et des brigandages publics. Le plus atroce des tyrans anciens souhaitait que le peuple romain n'eût qu'une tête, pour avoir le plaisir de l'abattre d'un seul coup; aujourd'hui il existe des monstres plus odieux encore; ils veulent exterminer le genre humain tout entier, en renversant la propriété, en détruisant l'industrie. Si, à côté de mon pays, étaient un Législateur apportant le code des loix agraires, et Pandore apportant les grandes calamités, qui par intervalles désolent l'espèce humaine; j'aimerais mieux ouvrir la fatale boîte d'où sortiraient la guerre, la peste et la famine : ces fléaux s'appaisent enfin, et ceux qui survivent sont consolés par le spectacle des sciences, des arts et du commerce, s'empressant à l'envi d'en réparer les suites funestes. Si j'avais ouvert le code infernal d'où serait sorti l'anéantissement de la propriété; j'aurais banni pour jamais le travail, sans lequel il n'y a point de mœurs; la sécurité, sans laquelle il n'y a ni industrie ni bonheur; les sciences et les arts, sans lesquels il n'y a ni douceurs ni agrémens; j'en aurais banni le droit pour introduire la ruse, la violence et le cahos.

S'il était un Législateur assez perfide pour retenir la multitude autour du char de la liberté, en lui promettant pour salaire l'égalité physique des fortunes, et qui se disposerait par la corruption de la morale publique et par la haine qui réjaillirait sur la liberté, à s'ériger en protecteur des nouveaux partages; ce serait un monstre à étouffer; celui qui en délivrerait la terre, serait le sauveur de la patrie, le bienfaiteur du genre humain! on emploierait inutilement les armes de la raison, la force du sentiment contre une bête féroce qui ne sent plus que la faim du carnage et la soif du sang; il n'y a que l'enfer et ses supplices pour punir l'exécrable auteur d'un système de domination qui doit être précédé de la terreur, accompagné du pillage, et suivi de meurtres et du silence des tombeaux.

§. VIII.

I.

QUELS sont les vices qui contrarient l'exécution des principes et qui troublent l'harmonie politique.

1°. Les principes fondamentaux de l'ordre politique, sont des règles de justice, qui, assujetissant tous les membres d'une association aux mêmes devoirs, leur garantissent à tous les mêmes droits. Toutes les actions, toutes les habitudes qui rompent cette égalité de devoirs et de droits, sont des crimes ou des vices.

2°. Aucun vice ne peut offrir aux hommes un moyen de réunion; car le vice est essentiellement égoïste, et l'égoïsme est la mort de toute association. La justice seule leur présente un point de ralliement immuable et éternel, parce qu'elle seule peut avoir tous les intérêts particuliers. L'homme juste desire que tous les autres soient justes; car les avantages qu'il recueille de la justice sont d'autant plus grands qu'elle est plus généralement pratiquée : donc la probité peut être possédée en commun; le juste est donc l'ami-né du juste. L'homme vicieux, au contraire, pour tirer un plus grand profit de son vice, voudrait le pratiquer par privilège exclusif : l'avare déteste l'avare, l'ambitieux déteste l'ambitieux, l'orgueilleux déteste l'orgueilleux, le fripon déteste le voleur. « Tel est le pouvoir de la justice, que les brigands eux - mêmes ne peuvent sans elle augmenter leurs richesses ni se maintenir ».

Cicéron.

« Les hommes les plus corrompus rendent toujours quelque sorte d'hommage à la foi publique ; c'est ainsi que les brigands même, qui sont les ennemis de la vertu dans la grande société, en adorent le simulacre dans leurs cavernes.

Rousseau.
Econ. Polit.

Quand des fripons sont enrichis, ils prêchent l'inviolabilité des propriétés ; quand les intrigans occupent les places, ils veulent du respect pour les Magistrats, quand les ambitieux sont en possession du pouvoir, ils commandent la subordination et la paix. L'impossibilité de donner au vice un langage uniforme et social, a souvent procuré à la vertu les signes du respect et les expressions de l'estime. Les méchans sont donc essentiellement désunis ; l'union et la concorde ne peuvent s'établir et se conserver que par la probité et la justice ; ceux mêmes qui ne pratiquent pas la vertu sont obligés d'en invoquer le nom.

3°. Toute constitution doit être établie sur la justice, puisque c'est le vœu unanime de l'homme de bien et du méchant. Toute législation doit protéger la vertu, en inspirer l'amour et en prescrire le respect, parce que sans elle il n'y a que tyrannie et désordre.

« L'injustice ne fut jamais la base d'aucune société ; un peuple créé par un pacte aussi étrange, aurait été en même temps et le plus dénaturé et le plus malheu-

Raynal hist.
pol. T. 9. p. 14

reux

reux des peuples. Ennemi déclaré du genre humain, il
eût été également à plaindre, et par les sentimens qu'il
aurait inspirés, et par ceux qu'il aurait éprouvés. Craint
et haï de tout ce qui l'eût environné, il n'aurait jamais
cessé de haïr et de craindre. On se serait réjoui de ses
malheurs, on se serait affligé de sa prospérité. Un jour
les nations se seraient réunies pour l'exterminer : mais
le temps aurait rendu cette ligue inutile. Il aurait suffi
pour l'anéantir et le venger, que chacun des membres
eût conformé sa conduite aux maximes de l'État. Animés de l'esprit de leur institution, tous se seraient em-
pressés de s'élever sur la ruine les uns des autres ; aucun
moyen ne leur eût paru trop odieux. C'aurait été la
race engendrée des dents du Dragon que Cadmus sema
sur la terre aussitôt détruite que créé.

» Combien différente serait la destinée d'un empire
fondé sur la vertu ! L'agriculture, les arts, les sciences,
le commerce, encouragés à l'ombre de la paix, en écar-
teraient l'oisiveté, l'ignorance et la misère. Le Chef de
l'État protégerait les différens ordres et en serait adoré.
Il aurait conçu qu'aucun des membres de la société ne
pourrait souffrir sans quelque dommage pour le corps
entier, et il s'occuperait du bonheur de tous. L'impar-
tiale équité présiderait à l'observation des traités qu'elle
dicterait, à la stabilité des loix qu'elle aurait simpli-
fiées, à la répartition des impôts qu'elle aurait proportionnés aux charges publiques. Toutes les puissances
voisines, intéressées à la conservation de celle-ci, au
moindre péril qui la menacerait, s'armeraient pour
sa défense. Mais au défaut de secours étrangers, elle
pourrait elle-même opposer à l'aggresseur injuste, la

L

barrière impénétrable d'un peuple riche et nombreux, pour lequel le mot de patrie ne serait pas un vain nom. Et voilà ce qu'on peut appeller le beau idéal en politique.

» Ces deux sortes de gouvernemens sont également inconnus dans les annales du monde. Elles ne nous offrent que des ébauches imparfaites, plus ou moins rapprochées de l'atroce sublimité, plus ou moins éloignées de la beauté touchante de l'un ou de l'autre de ces grands tableaux. Les nations qui ont joué le rôle le plus éclatant sur le théâtre de l'univers, entraînées par une ambition dévorante, présentent plus de traits de conformité avec le premier. D'autres plus sages dans leurs constitutions, plus simples dans leurs mœurs, plus limitées dans leurs vues ; enveloppées d'un bonheur secret, s'il est permis de parler ainsi, paraissent ressembler, davantage au second ».

L'organisation politique d'un peuple libre se maintient, 1°. par l'influence de ceux qui sont réellement vertueux, 2°. par la nécessité où sont les autres de se conformer au langage de la vertu, d'en emprunter au moins les dehors, et d'en respecter les actes.

Si tous les citoyens étaient vertueux, ils seraient tous parfaitement heureux ; s'ils étaient tous pervers, la désolation et le malheur seraient extrêmes.

4°. Il ne faut pas s'abuser vainement ; dans les pays où le peuple veut être souverain, la flatterie est aussi dangereuse pour lui que pour les rois. Le nombre des hommes vertueux sera toujours le plus petit ; mais s'il pouvait arriver que la vertu fut chassée du cœur de tous les particuliers, il faudrait qu'elle restât encore dans le gouvernement, comme dans un sanctuaire inviolable. De là je déduis : 1°., la nécessité de ne confier les emplois publics qu'à des hommes exempts de vices, et d'autant mieux éprouvés, que leurs fonctions sont plus éminentes et plus voisines de l'autorité suprême. Les Magistrats d'un peuple libre sont les monumens vivans, destinés à alimenter l'esprit qui préside à la création des loix ; ils sont les Vestales chargées d'entretenir le feu sacré du patriotisme qui s'éteint par les vices. La jalousie, dont le regard oblique poursuit sans cesse les hommes en place, trouvera dans les opérations publiques, assez de prétextes pour alimenter sa frénétique malignité ; il faut au moins pouvoir lui opposer une vie privée, dont la régularité la contraigne de fermer l'œil et de garder le silence.

Je déduis 2°. la nécessité de créer des institutions morales, propres à inspirer ou à entretenir l'amour de la vertu et la haine du vice, à fixer invariablement la direction de l'estime et de l'opprobre publics.

5°. Quoique toutes les vertus morales concourent au bonheur commun, et que tous les vices y portent atteinte ; il n'entre pas dans mon dessein de traiter en détail les uns et les autres. Je considère ici les vices dans leurs rapports immédiats avec la liberté, la tranquillité publique ; ce point de vue m'en présente deux qui sont tout-à-la-fois, et les plus universellement répandus, et les plus funestes à l'espèce humaine, je veux dire le fanatisme et le despotisme.

I I.

Du Fanatisme et du Despotisme.

On a dit pendant long-temps au peuple révolutionnaire : *le fanatisme est un Prêtre ; le despotisme est un Roi* : si ces définitions sont bonnes pour les séditions, elles sont à-coup-sûr très-mauvaises en logique ; car elles n'ont point la rigoureuse réciprocité dont les dialecticiens ne dispensent jamais : en voici d'autres qui sont de tous les temps et de tous les pays.

Le fanatisme est un vice du cœur humain, qui s'applique aux opinions religieuses ou politiques, pour les rendre intolérantes et cruelles.

Le despotisme est un vice du cœur humain, qui s'applique à la force et à l'autorité pour convertir celle-là en usurpation, et celle-ci en domination arbitraire.

Ces deux vices sont essentiellement liés ensemble, tous deux conduisent à la tyrannie : lorsque celle-ci s'exerce au nom de la croyance ou de l'opinion, c'est le fanatisme ; lorsqu'elle s'exerce immédiatement par un abus de force ou d'autorité sur d'autres prétextes que la dissidence d'opinion politique ou religieuse, c'est le despotisme.

Tous les hommes naissent avec le germe du fanatisme et du despotisme ; des circonstances particulières, en lui donnant plus ou moins de développemens, le rendent plus ou moins désastreux. Mais le savetier qui bat injustement sa femme, est peut-être intrinsèquement plus despote que le Roi de Maroc qui sabre son esclave ; et celui qui présente des coups de bâton pour

une contradiction d'opinions, est peut-être plus fanatique que le Grand Inquisiteur qui brûle des héréti-
ques. Tous les hommes naissent égoïstes et orgueilleux;
l'égoïsme les rend injustes, l'orgueil les rend intolérans :
or toute injustice est un acte de despotisme, toute intolérance est un acte de fanatisme.

Montaigne, dans son langage plein de naiveté, exprime avec justesse le principe de l'intolérance : « Il
semble à chacun que la maîtresse forme de la nature
humaine est en lui : selon elle il faut régler tous les
autres. Les allures qui ne se rapportent aux siennes,
sont feintes et faússes. Lui propose-t-en quelque chose
des actions ou des facultés d'un autre, la première
chose qu'il appelle à la consultation de son jugement,
c'est son exemple; selon qu'il en va chez lui, selon
cela va l'ordre du monde. Oh l'asnerie dangereuse et
insupportable » !

On ne saurait peindre sous des couleurs trop dif-
formes, le fanatisme; les ravages causés par ce monstre
à deux têtes, sont incalculables : mais ce qui le rend
plus funeste, c'est le pouvoir qu'il a d'assujetir à sa
féroce domination, ceux qui le poursuivent avec le
plus de zèle; tel qui doit combattre le fanatisme avec in-
trépidité , n'est le plus souvent qu'un enthousiaste
aveugle , donnant à un maître barbare le délicieux
spectacle de deux esclaves qui s'assomment avec leurs
chaînes.

Si pour attaquer un fanatique il faut l'être soi-même; si pour repousser le fanatisme il faut lui substituer un autre fanatisme, le parti le plus sûr est dès-
lors de se tenir comme on est ; la différence qui peut se

trouver entre deux fanatismes, ne vaut pas la peine
de soupirer après un changement qui ne peut s'opérer
que dans le désordre et dans le sang. Que m'importe
de sortir de Carybde pour tomber dans Sylla ? Mais
loin de nous une idée qui nous précipiterait dans l'Hob-
bisme : nous ne pensons pas que l'homme soit né pour
faire la guerre à l'homme ; si la nature lui a donné le
principe de tous les vices, elle lui a donné aussi le
principe de toutes les vertus ; et malgré l'autorité que
la conduite des nations pourroit fournir au système
d'Hobbes, nous demeurons convaincus que dans le
cours de leurs révolutions, les hommes reviennent de
bonne foi, par intervalle, à l'empire de la raison, qu'il
est même possible de les y fixer plus ou moins long-
temps par l'influence des bons principes et des notions
exactes.

I I I.

La raison, qui en morale s'appelle aussi sagesse, est
un point fixe et immuable entre tous les excès. Montaigne définit la sagesse : « Un maniement réglé de
notre ame qui la conduit avec mesure et proportion :
l'archer qui outre-passe le blanc, faute comme celui
qui n'y arrive pas.

Tout, jusqu'au bien même, a sa limite, et cette
limite si difficile à fixer, il n'y a que l'homme éclairé
qui la connaisse ; lui seul a droit de la poser. Faire le
mieux lorsque le bien suffit, c'est s'exposer à faire le
mal : et c'est ce qui arrive souvent à ceux qui ont
beaucoup de zèle et peu de lumières ; ils ne savent
communément ni d'où il faut partir, ni où il faut s'ar-

Essais, l. 2, ch. 2.

s'arrêter ; ils ignorent sur-tout ce principe de morale si fécond et si vrai ; que la moitié est souvent plus que le tout, et qu'il est des cas et des circonstances où c'est passer le but que de l'atteindre. *Stulti neque sciunt quantò plus sit dimidium toto.* Hesiodi opera.

« Le milieu est le point le plus voisin de la sagesse : il vaut autant ne le point atteindre que de le passer... Le sage tient toujours et en toute occasion le juste milieu : le méchant s'en écarte par excès ou par défaut..... Oh que le juste milieu est une chose sublime ! mais parmi le vulgaire des hommes, combien peu savent le tenir ! Ce mal n'est point nouveau, c'est l'ancienne maladie de l'humanité, c'est un vieux sujet de plainte, c'est ainsi que fut autrefois le genre humain ». Confucius. *Vid.* Collection des Auteurs moraux.

Ce juste milieu si sublime, essayons de le saisir pour nous y cramponner ensuite. Imaginons, à cet effet qu'un Sage a réuni autour de lui des fanatiques de tous les temps, de tous les pays, pour leur tenir un langage impartial, dans lequel tous les partis trouvent également la condamnation de leurs excès. Voici la première question qu'il leur adressera.

« Admettez-vous la force pour règle unique du droit social ? Croyez-vous que les idées de juste et d'injuste soient purement arbitraires et sans fondement » ?

Si la réponse des fanatiques est affirmative, le Sage leur dira : allez et exterminez-vous. Mais il me semble les entendre s'écrier unanimement : *Nous honorons la raison, nous honorons la vertu* ; et ajouter avec fureur : *Malheur à ceux qui ne les honorent pas à notre manière.* Le Sage les arrête ici et leur dit : Si vous honorez la raison, écoutez ses maximes sacrées et immuables, et n'oubliez jamais que celui qui s'en écarte n'est devant elle qu'une bête féroce.

I V.

AXIOME I.

Toutes les opinions politiques ou religieuses confèrent les mêmes droits par-tout où elles sont professées par le nombre le plus grand ou le plus fort. Par exemple: si dans un pays où l'on professe l'opinion A, on a le droit de tuer ceux qui professent l'opinion B, réciproquement dans le pays où l'opinion B est générale, on aura le droit d'immoler ceux qui sont attachés à l'opinion A.

Démonstration. Si une opinion avait un droit de mort que l'autre n'aurait pas, ce ne pourrait être que parce que celle-ci serait intrinsèquement fausse; mais 1°. chaque partisan croit son opinion vraie, et cette persuasion lui donne les mêmes droits que la vérité réelle.

2°. La vérité n'est point homicide, et elle ne veut être propagée que par la persuasion qui résulte du raisonnement ou de l'expérience de ses propres avantages.

3°. Si la vérité voulait être saisie sous peine de mort, elle se présenterait à l'intelligence humaine d'une manière uniforme et irrésistible, ou bien elle se ferait annoncer par des apôtres infaillibles et tout-puissans sur les affections de l'ame.

AXIOME II.

Si une opinion quelconque conférait le droit de

mort, si on était criminel ou vertueux pour conce-
voir les objets de telle ou telle manière, il n'y aurait
parmi les hommes ni bien ni mal moral, il n'y aurait
d'autre règle du juste et de l'injuste que la force.

Démonstr. 1°. Les opinions, principalement sur les
matières de politique et de Religion, varient selon les
temps et les circonstances ; les causes qui influent sur
la croyance de l'homme et sur les développemens de
son intelligence, sont presque toutes accidentelles et
locales ; donc le bien et le mal ne seraient pas incom-
mu ables.

2°. Il y a des erreurs qui ont été universelles, c'eût
été un crime alors de concevoir la vérité.

3°. Si l'opinion était la règle du bien, ce ne serait
pas le privilège exclusif de l'opinion vraie ; car celle-
ci appartenant indifféremment au petit comme au grand
nombre, quelquefois à personne ; et l'erreur inspirant
le même enthousiasme que la vérité, il faudrait bien
trouver entre les deux partis un caractère distinctif pour
fixer la qualification morale et convenable à chacun :
or on ne peut en assigner d'autre que l'usage de la force ;
celui qui resterait maître du champ de bataille, le serait
aussi de la morale.

Supposez un homme bien pénétré des prétextes
affreux que fournit l'intolérance d'opinion ; il convertira
en vertus tous les plus horribles forfaits. S'il égorge un
vieillard, s'il massacre une femme, s'il noye un enfant,
il dira : « J'honore Dieu, j'honore la liberté ; je détruis
des impies, je détruis des monstres ; car ce vieillard a
un fils, cette femme a un époux, cet enfant a un père
qui, en politique ou en Religion ne pense pas comme

moi ». Si ces raisonnemens vous font frémir, si les massacres de la St.-Barthelemi, si ceux des diverses époques de la Révolution française vous font horreur, il
faut conclure avec le Sage que jamais l'opinion ne
donne le droit de persécuter. Donc, &c.

A X I O M E I I I.

*Tout Gouvernement qui proscrit et persécute une
opinion, est tyrannique.*

Démonstr. 1°. « Par-tout où le Souverain ne souffre
pas qu'on s'explique librement sur les matières écono-
miques et politiques, il donne l'attestation la plus au-
thentique de son penchant à la tyrannie et du vice de
ses opérations. C'est précisément comme s'il disait :
*Je sais tout aussi bien que vous que ce que j'ai résolu
est contraire à vos libertés et à vos prérogatives, à
vos intérêts, à votre tranquillité, à votre bonheur ;
mais il me déplaît que vous en murmuriez. Je ne
souffrirai pas qu'on vous éclaire, parce qu'il me convient que vous soyez assez stupides pour ne pas distinguer mes caprices, mon orgueil, mes folles dissi-*
Raynal, t. 5, p. 120. *pations, &c.* »

2°. Une opinion ne peut être criminelle que par
l'intention ; or tout Gouvernement qui juge les intentions est arbitraire, aveugle et tyrannique.

3°. Le citoyen qui professe l'opinion proscrite n'est
pas égal en droit à celui dont l'opinion est protégée.

4°. Un Gouvernement qui persécuterait les aveugles
de naissance, serait atroce ; eh bien dépend-t-il de moi
de naître avec un jugement sain, de concevoir les ob-

jets de telle ou telle manière, plutôt que de naître
avec deux bons yeux.

Je peux bien déléguer l'exercice de mes droits civiles, mais les facultés et les besoins naturels, je ne
puis en déléguer l'usage ou le sentiment ; je ne puis
commettre un autre à l'effet de manger, de voir, d'entendre, de sentir et de penser pour moi. Donc un Gouvernement qui enchaîne la pensée, est aussi tyrannique que celui qui défendrait de manger, de voir,
&c. La société n'a pu être instituée pour détruire ou
pour opprimer la nature, mais pour la protéger dans
l'exercice des facultés qu'elle a données à l'homme, en
les dirigeant vers le bien commun.

5°. Faites discuter séparément un sujet quelconque
par un million d'hommes ; vous trouverez dans les
résultats de leurs méditations, autant de diversités
qu'il peut s'en rencontrer dans leurs figures, dans leurs
statures, dans leurs manières, &c.; et si les hommes
étaient toujours bien sincères, s'ils exprimaient toujours
leurs vraies pensées, si leur ame était enfermée dans
un globe de verre, il leur serait aussi impossible de se
battre pour des opinions que pour des phisionomies ;
car il ne s'en trouverait pas deux qui pussent se ranger
sous le même drapeau. « Il ne fut jamais au monde Montaig. Es.
deux opinions pareilles, non plus que deux poils, ou l. 2, c. 37.
deux grains. Il est donc également injuste de tourmenter un homme pour sa manière de concevoir, ou de
le tourmenter pour sa figure. Tuer un homme parce
qu'il a telle opinion, tuer un homme parce qu'il est
beau ou laid, noir ou blanc, c'est toujours un assassinat.

La comparaison est rigoureusement exacte, et lorsque l'injustice est dans le cœur, elle fournit les mêmes
prétextes pour justifier l'un et l'autre attentat; il serait
difficile de prononcer si la dissidence des opinions a fait
commettre plus d'atrocités que la différence des couleurs. On a cru, et peut-être croit-on encore que des
êtres noircis par les ardeurs du soleil et l'influence du
climat, n'appartenaient pas à la nature humaine, et
par le mot de *Nègres* on a désigné des bêtes de somme :
on a cru, et peut-être croit-on encore que telle opinion
politique ou religieuse détache l'homme du genre humain, pour le jetter hors du domaine des droits originels, et par les mots *suspect*, *hérétique*, *aristocrate*,
on a désigné des êtres de boucherie.

6°. La nature nous a fait pour l'innocence et la
paix, et la nature nous a fait tous dissemblables par
notre organisation physique et morale. La nature veut
donc que nous soyons unis malgré toutes les dissemblances dont les unes sont son ouvrage immédiat, et
les autres en sont les suites infaillibles; il faut par
conséquent les supporter toutes; il faut ne s'attacher
qu'aux conventions primordiales pour punir, non pas
les simples opinions, mais les actions qui y portent
atteinte. C'est à travers la liberté illimitée des pensées,
que le grand nombre vient s'attacher au bon sens et
aux principes de justice : dans un pays libre, une opinion absurde n'est ni plus contagieuse ni plus contraire
au bien public qu'un visage hideux.

7°. Donnez à une nation encombrée de préjugés et
d'erreurs, la faculté illimitée de penser et d'écrire,
vous verrez les préjugés et les erreurs se dissiper peu-

à-peu pour faire place à la raison et à la vérité : et pourquoi? parce que le faux livré à lui seul, privé de tout appui étranger, ne peut pas plus être un point de ralliement que le vice. La vérité et la justice sont les centres de gravitation de l'espèce humaine; c'est la tyrannie qui l'éloigne de cette direction; c'est la liberté qui l'y ramène. Mais si la liberté illimitée de l'opinion est très-utile pour ceux qui sont dans l'erreur, elle ne peut être funeste à ceux qui en sont sortis; donc dans tous les cas, &c.

Il est impossible de persécuter une opinion sous prétexte qu'elle est fausse ou nuisible, sans s'exposer à persécuter la vérité; car celle-ci offre souvent des dehors faux et désavantageux, comme aussi l'erreur se présente souvent sous les apparences du vrai et de l'utile.

D'ailleurs, celui qui repousse la vérité qui se présente, ou celui qui empêche de la découvrir et de s'y attacher, en est également le persécuteur : mais proscrire une opinion, c'est mettre obstacle à la recherche de la vérité; car l'esprit ne pense plus, quand ses erreurs peuvent être des crimes. Voilà pourquoi dans les pays où l'opinion est libre comme l'air, il y a plus de lumières, plus de découvertes, plus de sagacité que dans ceux où elle est contrainte.

Comme il est rare que les opinions purement spéculatives soient l'objet immédiat de la tyrannie, ce que nous disons ici se rapporte principalement aux vérités politiques et morales : or il est dans la condition de la plupart de celles-ci de ne pouvoir se constater que par la comparaison avec les erreurs et les absurdités; souvent même les discussions les plus vastes et les plus profondes n'aboutissent qu'à des essais successifs de l'erreur, jusqu'à ce que toutes les combinaisons étant épuisées, on revienne à celle qui a paru la moins mauvaise : il est des choses sur lesquelles ni le travail, ni le bon sens, ni le génie ne peuvent dispenser de l'expérience ; c'est peut-être pour cette raison que dans les révolutions générales, ceux qui essayent de les arrêter vers leur juste milieu, sont entraînés par le torrent et périssent victimes de leur prévoyance. La nature a assujeti l'esprit humain à traverser le pays des chimères avant d'arriver à la vérité ; les idées les plus simples sont le fruit des efforts les plus opiniâtres ; donc toute peine portée contre une opinion absurde est un obstacle mis à la découverte de la vérité.

8°. Persécuter une opinion, c'est établir l'orgueil humain juge et partie dans sa propre cause : mais que doit-on penser d'un Gouvernement qui autorise cette manière de procéder ?

9°. Un principe contre lequel on élève des échafauds dans un pays, on allume des buchers dans un autre, on dresse ailleurs des gibets, on ouvre des cachots, est assurément le principe qui fixe ce juste milieu, contre lequel les fanatiques de tous les temps se sont déchaînés avec tant de fureur : or tel est l'axiome troisième. Cette preuve, j'en conviens, ne fait pas beaucoup d'honneur à ceux qui gouvernent les nations ; mais on n'a pas dû s'attendre à rencontrer dans le langage austère de la sagesse des dissimulations perfides.

CONCLUSION.

Si la liberté n'est pas intolérante, si la raison n'est

pas inhumaine, si la vertu n'est pas sanguinaire, celui qui veut établir la liberté par la terreur, protéger la raison par des cachots et inspirer la vertu par des supplices, est un fanatique, beaucoup plus absurde dans son égarement, que le barbare qui ne veut ni liberté, ni raison, ni vertu.

AXIOME IV.

Un Gouvernement qui maintient la liberté illimitée des opinions, quelque soit son mécanisme et sa forme extérieure, est un Gouvernement républicain et populaire.

Démonstr. 1º. Un gouvernement qui garantit la liberté indéfinie des opinions, est un gouvernement qui, fortement appuyé sur la justice, n'appréhende point la censure, et défie la malignité. C'est un père qui vit sans inquiétudes et sans allarmes au milieu de ses enfans, parce qu'il ne leur inspire que de la tendresse et de la reconnaissance.

2º. Le premier soin d'un gouvernement injuste est de comprimer la pensée, d'entraver la circulation des opinions, dans la crainte que les plus clairvoyans ne révèlent aux autres les vices de son organisation intime, ou l'iniquité de ses agens.

3º. Par-tout où l'on jouit de la liberté absolue de parler et d'écrire, il y a une opinion publique, une volonté générale, une représentation morale, une souveraineté populaire, une garantie contre la tyrannie; et rien de tout cela n'existe là où l'expression de la pensée est contrainte. Dans un pays libre, ceux qui ne pensent pas doivent être représentés par ceux qui pensent, ceux qui ne parlent pas, par ceux qui parlent ; ceux qui n'écrivent pas par ceux qui écrivent ; or il est évident que cette représentation n'existe que lorsque la pensée, la parole et l'écriture sont parfaitement libres. Si une seule opinion est proscrite, la représentation est exclusive et partielle ; tout est régi par une volonté particulière, tout est soumis à une opinion privilégiée.

L'opinion publique est représentée par les opinions particulières qui circulent librement par le moyen de la parole ou de l'impression ; mais si une opinion usurpe la domination pour persécuter les autres, il n'y a plus d'opinion publique, comme il n'y a plus de représentation dans une Assemblée nationale, lorsqu'elle est subjuguée par un parti audacieux qui exile ou qui tue à volonté les membres qui lui déplaisent.

4°. La science de la liberté publique est la science de la tyrannie se réduisent en dernière analyse à ces deux mots : *Un peuple est libre, lorsqu'il a un Gouvernement qui peut supporter la liberté des opinions, un peuple est façonné à la servitude, ou bien il est déjà esclave, lorsqu'il permet à ceux qui le gouvernent de comprimer l'opinion sous les spécieux prétextes de SALUT PUBLIC, de RAISONS D'ÉTAT.*

Il est inutile d'aller chercher loin de nous des expériences propres à confirmer ces deux vérités : nul lecteur ne peut être assez étranger aux différentes époques d'une grande révolution, où la liberté aux prises avec la tyrannie, tantôt victorieuse, tantôt subjuguée, a instruit également ses amis par ses défaites et par ses triomphes.

AXIOME

AXIOME V.

Les notions erronnées, obscures, mystérieuses, rendent l'homme intolérant et persécuteur :

Les notions précises, claires et vraies, le rendent tolérant et pacifique.

Démonstr. (*Première partie.*) 1°. Les hommes n'aiment point à se tromper seuls ; l'orgueil veut à toute force faire partager ses écarts.

2°. L'erreur ne peut s'établir et acquérir de l'uniformité que par les moyens de la violence, puisqu'elle n'a pas le point de ralliement que la nature a donné aux hommes.

3°. Les erreurs et les obscurités ne peuvent être inventées, ou admises, que par l'ignorance, les préjugés, ou les vices ; mais les uns et les autres sont intolérans ; donc, &c.

Deuxième partie. 1°. Les notions précises, claires et vraies, sont le produit d'une conception vive, d'un travail assidu et d'un jugement sain. Or les hommes qui possèdent ces avantages, éprouvent une satisfaction intérieure, qui n'inspire pas la funeste manie de les inculquer aux autres par la violence.

2°. La découverte, ou la conception du vrai, procure des jouissances qui aiment à être privilégiées, et, si l'on peut faire un reproche à ceux qui se sont livrés, avec le plus d'ardeur, à la recherche de la vérité, c'est d'avoir contracté l'habitude du mépris, ou au moins de l'indifférence, pour les suffrages de la multitude.

3°. L'homme, exempt de passions, se prévient né-

M

turellement contre une opinion qui persécute, comme il s'intéresse irrésistiblement à celle qui est persécutée. Quel est le lecteur qui ne préférerait le sort du brave Coligny, à celui du lâche Charles IX. Un bon esprit ne prendra jamais un échaffaud pour une démonstration; Rousseau disait : *brûler n'est pas répondre.*

Une connaissance lumineuse n'inspire à celui qui la possède, que la pitié pour ceux qui en sont privés; mais l'erreur inspire la jalousie et la vengeance contre ceux qu'on soupçonne, ou qu'on reconnaît avoir raison. Voilà pourquoi, dans les assemblées publiques et délibérantes, les plus sages et les plus judicieux sont aussi les plus pacifiques et les moins opiniâtres; ils attendent avec une courageuse résignation, que l'expérience, ayant dissillé les yeux à la multitude, l'arrache à l'imposture.

4°. Les vérités les plus évidentes, les théorêmes de géométrie n'ont jamais eu de bourreaux ni de martyrs, et je ne sache pas qu'il soit jamais venu à l'esprit des géomètres de se lever en masse pour exterminer tous ceux qui ignoraient que dans *un triangle-rectangle, le quarré de l'hypothénuse est égal au quarré des deux autres côtés.*

Nota. Cet axiôme, en même-temps qu'il tire une nouvelle preuve des faits historiques, en fournit l'explication. On comprend maintenant pourquoi la doctrine des sectaires politiques, ou religieux, est ténébreuse et terrible comme l'antre de Trophonius; pourquoi les uns et les autres ont constamment affecté un langage énigmatique, enthousiaste, allégorique. Il faut aller chercher les causes de cette affectation dans les dispositions actuelles de la multitude, et dans le but immédiat que se proposent les sectaires. Ceux-ci ne travaillent point pour instruire ou pour convaincre, mais pour séduire et pour corrompre le peuple simple et crédule; trouvant en lui une passion forte pour le merveilleux, ils en profitent habilement pour le subjuguer. Un langage obscur irrite la curiosité; des notions mystérieuses étonnent les esprits, exaltent les imaginations; la clarté, la simplicité sont les derniers efforts de la science; les hommes, et en petit nombre encore, n'en sont capables que dans leur maturité. Les sectaires, enveloppés dans l'obscurité de leurs formules, ressemblent aux Gouvernemens Orientaux, où l'on a toujours eu pour maxime de cacher le vrai nom du Souverain. C'est un crime de lèze-majesté de le prononcer à Siam. Le but de cette institution est d'environner le trône d'une obscurité mystérieuse et symbolique, qui enflamme l'imagination du peuple, et lui inspire une terreur superstitieuse. Les chefs de factions sont perdus dès qu'ils sont compris; ils ressemblent à l'aspic, que la grande lumière fait mourir, (selon d'anciens auteurs.) Voilà pourquoi ils conduisent la multitude par des mots et des maximes équivoques, qu'ils ont grand soin de remplacer fréquemment par d'autres maximes équivoques, de peur qu'en restant trop long-temps dans la circulation, elles ne viennent à s'éclaircir, et à prendre une signification précise et uniforme, qui détruirait l'effet du prestige. Au royaume de Saba, on lapidait les Princes qui se montraient et sortaient de leur palais, parce qu'ils manquaient à l'étiquette de l'invisibilité. Le peuple fait

Diodore.

M 2

subir le même sort à ses séducteurs, dès qu'ils sont démasqués, et que l'expérience, autant que la lumière des définitions exactes, ont détruit l'illusion d'un jargon mystérieusement emphatique et grossièrement flatteur. Un chef de parti a essentiellement besoin d'égarer la multitude, et ce n'est point par le bon sens, par des idées justes qu'il peut y réussir : l'orgueil, la jalousie et un stupide enthousiasme sont les seuls ressorts qu'il fasse agir ; mais pour les mettre en jeu, il emploie des termes et des principes ambigus auxquels chacun puisse donner à son gré une interprétation qui flatte l'amour-propre, qui favorise la méchanceté ou qui exalte l'imagination.

Dans les guerres de Religion comme dans celles d'opinion politique, les mots vaguement mystérieux ont une vertu magique qui électrise la multitude pour en tirer les étincelles du fanatisme ; mais cette vertu ne produit son effet que dans l'obscurité ; aussi les sectaires évitent soigneusement la clarté que produiraient de bonnes définitions. Combien de sang répandu par les mots *hérétique*, *aristocrate* ? Le regard du basilic est moins terrible que la maligne prononciation de ces syllabes exterminatrices. Dès qu'elles sont lancées sur quelqu'un, il devient un être maudit, pour qui il n'est plus permis d'éprouver un sentiment d'humanité ; il est mis hors de la communauté religieuse, civile et naturelle. Le mot *hérétique*, le mot *aristocrate*, par une qualité occulte, sympathique et mystérieuse, brise tous les liens qui unissent un individu à la nation entière ; par ce brisement il cesse d'être l'ouvrage du créateur commun, pour être transformé en un monstre, en un démon qu'il est toujours juste, toujours louable d'inquiéter, de tourmenter, d'exterminer. Cette abominable doctrine dissoudrait l'univers, si sa violente influence n'était contenue par les inspirations douces et invariables de la nature et de la raison; si elle n'était réprimée par une force fondée sur les bases de la sagesse et de la justice.

Quant à moi, je déclare solemnellement que si la législation de mon pays n'était pas établie sur des principes bien précis, bien fixes; et si dans ses applications elle n'était pas dirigée par des règles immuables; que si la force publique, prenant sa direction dans le tumulte des passions extrêmes, allait, aveugle et capricieuse comme la mort, porter ses coups dans les ténèbres, je préférerais le régime théocratique de l'ancienne Éthiopie, qui eut, au rapport de Strabon, pendant de longs âges, des chiens pour législateurs et pour dieux: c'était dans leurs cris, leurs allures et leurs divers mouvemens qu'on cherchait les ordres et la volonté de la suprême puissance dont on les avait revêtus. J'aime autant mourir par le cri d'un chien que par la dénonciation d'un Jacobin.

V.

Objections.

Première objection. Je ne pense pas que les fanatiques ignorans des siècles de ténèbres puissent répliquer quelque chose aux maximes du Sage; ainsi il faut qu'ils restent ou confondus, ou persuadés. Mais les fanatiques des siècles de lumière, ces hommes qui se prétendent fanatiques, à force de raison; cruels, à force d'humanité, ne pouvant se rendre à des maximes qui commandent la clémence et la paix, ne manqueront pas d'en contester la sagesse ; ils diront :

« Comment des maximes qui ne respirent que la modération, qui garantissent l'impunité à ceux qui s'écartent de la vérité, peuvent-elles être le langage de l'austère sagesse ? Quoi ! il ne sera plus permis de livrer un combat à mort aux préjugés et à l'ignorance ? Quoi ! ce sera un crime d'ouvrir le sein à celui qui s'est précipité dans l'erreur, d'aller, à travers ses entrailles palpitantes, chercher son cœur pour l'offrir en holocauste expiatoire sur l'autel de la vérité ? Qui nous garantit après tout que vos axiômes sont ceux de la raison plutôt que ceux-ci.

1°. *Il ne peut y avoir de paix entre la vérité et l'erreur.*

2°. *Il faut que l'arbre de la liberté et la semence de la sagesse soient arrosés du sang de leurs ennemis.*

3°. *Le Gouvernement le plus sage n'est-il pas celui qui place la mort entre le genre humain et l'erreur.*

4°. *La nature ne considère que les espèces, il est louable d'imiter son dédain pour les individus, &c., &c.*

« Si on n'accuse pas la nature de tyrannie, parce qu'elle dévoue plusieurs êtres particuliers à l'infirmité et à la douleur ; pourquoi taxerait-on d'injustice un Gouvernement qui sacrifie le repos et la vie de quelques citoyens à l'embellissement de leur espèce » ?

Réponse. Si quelqu'un, en plein midi, ouvrant les

yeux et regardant le soleil, me disait : prouvez-moi
qu'il est jour ; cet homme n'obtiendrait de moi que
de la pitié ou du mépris. J'avoue que si l'on porte
l'opiniâtreté et la perfidie jusqu'à méconnaître les élémens de la raison et les premières inspirations de la
nature, jusqu'à confondre le sentiment du vice avec
celui de la vertu, il faut cesser toute discussion pour
terminer le différend par la force. Quel raisonnement
pourrait-on opposer à un homme qui se prétendrait sa-
vant à force d'ignorance, courageux à force de lâcheté,
libre à force d'esclavage ?. on ne verrait dans un tel
renversement d'idées que la preuve d'un cerveau dé-
rangé ; et si ce renversement était accueilli par le silence ou par les applaudissemens d'une nation, il
faudrait en conclure qu'il y a des extravagances nationales, comme il y a des extravagances individuelles.
Mais je veux bien supposer encore qu'il y a de la bonne
foi dans l'objection qui m'est proposée, et me réduire
à la nécessité de prouver que j'ai parlé au nom de la
raison et de la nature : je vais le faire par des développemens qui sont les derniers que je puisse offrir.

1°. Si tous les hommes ont la même origine, les
mêmes besoins, les mêmes droits, la même destination ; si la nature est la mère commune de tous, il faut
qu'elle puisse leur adresser un langage uniforme : maintenant je vous invite, vous qui proposez l'objection, à
concevoir d'autres maximes que la nature puisse prescrire à toutes les nations, dans tous les temps et dans
tous les lieux : pensez-vous que la mère du genre humain ordonne à ses enfans de teindre ses mamelles de
leur sang ?

M 4

Tous les excès doivent être égaux devant les règles de la sagesse : si celle-ci pouvait s'accommoder à un parti, se plier sous de brillans prétextes, la folie ne serait qu'un vain nom.

2°. Les maximes de la raison morale sont celles dont tous les hommes peuvent convenir sans danger et qu'ils ont même un intérêt commun de pratiquer, puisque le vice ne peut être pour eux un point de ralliement. Or tels sont les caractères distinctifs des maximes de tolérance, dont l'observation procure les délices de la paix et de l'union, comme leur violation entraîne les horreurs des inimitiés et de la guerre; donc, &c.

3°. Le plus beau pays de l'univers est celui que tous les voyageurs citent immédiatement après le leur ; c'est par ce raisonnement que Cicéron prouvait que Rome était la première ville du monde. Je dis pareillement que les inspirations de la nature morale sont celles que les hommes vicieux placent immédiatement après leur vice ; mais si j'interroge les fanatiques de toute espèce, de tout pays, ils me répondront unanimement, que hors leur opinion particulière, on doit admettre la tolérance universelle; que leur opinion seule a le droit de persécuter, parce qu'elle seule est vraie, ou parce qu'elle seule est sainte, ou parce qu'elle seule est utile ; donc l'homme qui s'écarte de la tolérance des opinions, est contraint d'y revenir dès qu'il s'éloigne de l'objet particulier de son fanatisme ; donc elle est inspirée par la nature.

Revenons maintenant aux axiômes du fanatisme.

1°. Il est évident qu'ils offrent une justification sans

réplique à quiconque en fera l'application sur ceux qui en sont les inventeurs ou les apôtres; car pour autoriser les violences d'une opinion sur une autre, on ne peut alléguer d'autres raisons que la force et le succès.

2°. En supposant que les principes de l'intolérance soient intrinséquement vrais, je soutiens qu'il n'appartient à personne de les appliquer, ou que tous les partis ont un égal droit d'en faire usage : car il est constant, par d'anciennes expériences et par d'autres plus sensibles encore, que, sous le nom de la liberté, la tyrannie la plus odieuse et la plus humiliante peut s'établir; que sous le nom de la vertu et de la justice, les crimes les plus atroces et les brigandages les plus révoltans peuvent se commettre; que sous le nom de la vérité, les sophismes les plus funestes et les mensonges les plus honteux peuvent se propager. Donc nul individu, nulle secte n'a le droit de s'ériger en ami exclusif de la liberté, de la vertu et de la vérité.

3°. Si on examine en détail les prétendus axiômes du fanatisme, il est facile d'appercevoir que toute leur séduction vient de l'orgueil humain qu'ils flattent en le suivant servilement dans tous ses écarts, et en s'adaptant à toutes ses formes et à tous ses déguisemens. En effet que veut-on dire par ces mots?

1°. *Il ne peut y avoir de paix entre la vérité et l'erreur.*

Si l'on entend que la vérité et la fausseté sont intrinséquement incompatibles et impermutables, rien n'est plus certain : mais si l'on entend qu'un homme dont l'opinion est vraie ne peut pas vivre en paix avec celui dont l'opinion est fausse, cette assertion absurde est déjà réfutée par tout ce qui a été dit plus haut.

2°. *Il est bon que l'arbre de la liberté et les semences de la sagesse soient arrosés du sang de leurs ennemis.*

1°. Si l'arbre de la liberté, si les semences de la sagesse ont besoin d'être arrosés de sang humain ; quel arrosement exigerait donc l'arbre de la tyrannie et les semences de la folie ?

2°. Entend-t-on par ennemis de la liberté et de la sagesse, ceux qui compriment la pensée par la terreur, et qui assassinent pour des opinions ? Dans ce sens, la maxime est sans réplique ; car tout oppresseur donne à ses victimes le droit de représailles. Voudrait-on entendre par ennemis de la liberté et de la sagesse, ceux qui, exacts observateurs des loix naturelles et civiles, ont pourtant une opinion personnelle, opposée à celle que l'on croit plus favorable à la liberté, et plus conforme à la vérité ? Dans ce sens, la maxime ne serait que la promulgation de la loi du plus fort.

J'ajoute d'autres réflexions qui font sentir l'impossibilité de s'arrêter à cette interprétation.

On n'est point ennemi de la liberté et de la vérité pour être dans l'esclavage ou dans l'erreur ; comme on n'en est point l'ami, parce que le hasard, l'instinct, l'habitude ou la force les font invoquer. L'ami de la liberté n'est jamais celui qui en abuse, et pas toujours celui qui en jouit. L'ami de la vérité n'est pas précisément celui qui la rencontre et qui y croit. La liberté et la vérité ont des amis par-tout où il se trouve des hommes purs qui

ne séparent point leur bonheur de celui de leur espèce
et qui gémissent aussi sincèrement sur les injustices
dont ils sont les témoins que s'ils en étaient les victimes.

Parce qu'on ne croit plus aujourd'hui aux tourbillons
de Descartes, irez-vous exhumer ce philosophe illustre
pour flétrir sa cendre et sa mémoire ? Parce que vous
encouragez les sciences et les arts et que vous croyez
plus utile de vivre sous un régime politique, irez-vous
couvrir de boue le tombeau de cet écrivain si fécond
en paradoxes, qui, par enthousiasme pour la liberté et
par haine pour le crime, préférait l'ignorance à vos lumières, la solitude à vos sociétés, les forêts à vos villes?
Parce que la constitution de Lacédémone admettait
deux rois héréditaires et un Sénat à vie, représenterez-
vous Licurgue comme un ennemi odieux de la liberté
publique ?

On ne saurait trop éclaircir le sens des dénominations
dont l'usage arbitraire est cause de tous les malheurs
et de tous les crimes qui accompagnent les révolutions
populaires. Le peuple ne demande à être plus libre que
pour être plus heureux ; la liberté qui n'apporterait pas
le bonheur serait un présent inutile ou funeste : donc
le bonheur et la liberté sont inséparables ; dès-lors
l'ami ou l'ennemi de l'un l'est aussi de l'autre. Mais
quel est l'ennemi du bonheur public ? C'est celui qui,
adonné à un vice quelconque, rompt l'équilibre général
établi par les conventions primordiales ; c'est le voleur,
c'est l'assassin, c'est l'intolérant, c'est le panégyriste,
le complice ou le provocateur du vol, de l'assassinat et
de l'intolérance : les termes que j'emploie ici ne sont

point vagues et équivoques, les crimes qu'ils expriment ne sont point arbitraires et systématiques pour quiconque n'a pas encore joint à la scélératesse, l'horreur de ne plus éprouver de remords.

Convoquez tous les Législateurs du monde pour les occuper à résoudre le problême suivant: *Trouvez une constitution et une forme de Gouvernement qui assure et qui garantisse aux citoyens la liberté tout-à-la-fois la plus grande, la plus utile et la plus durable que puisse comporter la faiblesse humaine.*

Tous ceux qui, dégagés des sentimens de crainte ou d'espérance particulière, travailleront à la solution de ce problême, seront amis de la liberté publique, quel que soit le résultat de leurs méditations : si quelques-uns ont mieux réussi que les autres, on ne peut conclure qu'une chose en leur faveur, savoir : qu'ils ont été mieux servis par la nature.

Pour ceux qui cherchent dans la solution du problême, les faveurs et les acclamations passagères de la multitude, prononcez hardiment qu'ils sont étrangers à la Patrie : « Il est impossible de plaire à la multitude quand on aime la vertu. C'est par de mauvaises voies qu'on obtient la faveur du peuple; il ne peut vous l'accorder, si vous n'êtes comme lui; ni vous approuver, s'il ne se reconnoît en vous. Le vrai juge de vos actions, ce n'est pas le peuple, c'est vous-mêmes; on n'acquiert l'amitié des hommes corrompus, qu'à force de corruption. Quel avantage procure donc cette philosophie si vantée, et cet art supérieur à tous les arts? L'avantage de préférer son jugement à celui du peuple, de peser les suffrages au lieu de

Sénèque, collect. des Auteurs moraux.

les compter. Si j'entendois frémir autour de vous les acclamations de la populace ; si votre vue excitait le même tumulte, les mêmes applaudissemens que l'entrée d'un bateleur ; si, dans la ville entière, les femmes, les enfans, s'empressaient à chanter vos louanges, j'aurais pitié de vous. Et pourquoi ? C'est que je connais la route qui mène à cette faveur. »

Sénèque parle, sans doute, de ce peuple qu'on désignait par le nom de *populace*, dans les républiques Grecque et Romaine. Dans toutes les démocraties, il y a une multitude ignorante et immorale, qui veut mener l'Etat, *comme la queue du serpent a voulu mener la tête*, qui est continuellement prête à trafiquer sa portion de souveraineté, à vendre ses applaudissemens ou son suffrage, pour des flagorneries ou pour de l'argent. Si, dans les commencemens d'une révolution populaire, il paraît quelque suborneur habile, assez déhonté pour chercher la célébrité et le pouvoir, en caressant bassement les goûts insensés et criminels de cette *canaille*, il lui suffira, pour réussir un moment, de représenter la liberté publique comme l'affranchissement de toute contrainte, de tout impôt, de toute subordination ; de permettre le pillage des riches, d'abolir les dettes, d'annuller les anciens contrats, de promettre le partage des fortunes. Un langage perfide, qui présente un appas irrésistible aux vices grossiers du vulgaire, ne peut manquer de les réunir autour de l'imposteur, pour lui élever un trône qui sera en même-temps l'échaffaud de la raison et de la vertu ; mais une domination établie sur des monceaux de crimes, est un édifice bâti sur une montagne de

Fables de Lafontaine, l. 7.

sable ; les méchans ne peuvent être long-temps unis,
et le mal ne peut être long-temps séduisant. Dès que
les instans du vertige seront passés, dès que les illusions, qui masquent l'ambition et le tyran, seront dis-
sipés ; il tombera nud et isolé au milieu de l'exécration générale, d'où il appercevra avec horreur s'ouvrir devant lui une éternité d'opprobre et d'impréca-
tions.

Les grands hommes, animés d'un zèle sincère pour
la justice et pour le bien général, lorsqu'ils ont proposé des réformes utiles, ont presque tous été persé-
cutés ; l'inflexible droiture de leurs maximes, en irri-
tant les vices contemporains, accumule les inimitiés
sur leur tête. C'est la postérité qui répare les injustices
des générations précédentes. « Confucius, banni, s'é-
loigne en pleurant sur son pays infortuné. Réduit
aux dernières extrémités de la misère, il erre de contrée en contrée, chassé par-tout, et souvent menacé
de perdre la vie. Toujours égal à lui-même, dans la
haute fortune, et dans l'humiliation, il souffrit avec
courage les rebuts des grands, les mépris du peuple,
les insultes, les chansons, les satyres, dont il devint
l'objet. Trop supérieur aux hommes qui l'osaient outra-
ger, il s'appercevait à peine de leurs attaques impuissantes, et ne daignait ni s'offenser, ni se plaindre. »
Placez, pour un moment, Marat et Robespierre à
côté de Confucius, et vous jugerez combien ces vils démagogues sont petits auprès d'un grand homme. Il ne
suffit pas de s'intituler avec arrogance l'*Ami du peuple*, pour l'être effectivement ; comme il ne suffit pas,
pour être ami du bonheur public, d'en parler sou-

vent et de le promettre sans cesse ; assurément nul Législateur ne peut être plus généreux en promesses que les Empereurs du Mexique, qui juraient, le jour de leur couronnement, que pendant la durée de leur règne, « les pluies tomberaient à propos dans leur empire ; que les fleuves ni les rivières ne se déborderaient point ; que les campagnes seraient fertiles ; que leurs sujets ne recevraient du ciel ni du soleil aucune maligne influence ».

3°. *Le Gouvernement le plus sage n'est-il pas celui qui place la mort entre le genre humain et l'erreur.*

1°. Un Gouvernement qui place la mort entre le genre humain et l'erreur, est un Gouvernement qui place la mort entre le genre humain et la nature humaine.

Si la nature, en laissant subsister parmi les hommes les différences morales qui s'y trouvent, les eût fait immortels, ils ne se seraient pas battus pour des opinions : ils auraient eu la patience d'attendre la décision lente mais irréfragable de l'expérience. En outre, ayant promptement reconnu l'instabilité des opinions, ils auraient appréhendé que le parti aujourd'hui le plus faible, ne devînt par la suite le plus fort. Donc les hommes ne se livrent des combats pour des opinions, que parce que leur vie est trop courte pour les essayer successivement ; et ils ne se tuent que parce que les morts ne reviennent pas pour se venger. Se battre parce que la vie est trop courte, c'est unir la méchanceté à la faiblesse de notre organisation pour nous précipiter plus vîte au néant : se tuer parce que *les morts ne reviennent pas*, c'est être tout-à-la-fois lâche et féroce.

4°. *Il est louable d'imiter la nature dans son dédain pour les individus ; elle ne considère que les espèces, &c., &c.*

1°. On ne peut concevoir de maxime plus atroce et plus favorable aux désirs sanguinaires de la tyrannie ; et celui qui, au milieu de la Convention française, osa la publier, n'a pas à se plaindre d'en être la victime ; il avait bien mérité d'éprouver le sort de cet ancien tyran qui fut brûlé dans un taureau d'airain, inventé par lui-même.

..... *Neque enim lex æquior ulla est,*
  Quàm necis artifices, arte perire suâ. Ovid.

Néron et sa maîtresse, voilà l'espèce humaine : le tyran appuyé sur ce principe pourra tout rapporter à lui, et sous le prétexte de travailler à l'embelissement de l'espèce, il tourmentera, il tuera légitimement ses sujets.

Je sais que la nature a ses victimes ; qu'il est des êtres qu'elle semble persécuter avec acharnement ; eh bien, les Gouvernemens sont institués pour réparer ses torts. L'homme que la naissance ou les accidens naturels ont rendu infirme ou indigent, est un objet sacré pour toute législation

2°. La nature a créé les hommes, et ceux-ci ont créé les Gouvernemens : si l'on persiste à s'autoriser sur les persécutions de la nature, il faut, pour raisonner juste, en conclure que les particuliers ont le droit de vexer, de tourmenter leur Gouvernement.

3°. Toute association a une destination commune avec le médecin ; l'un et l'autre sont établis pour soulager

lager les infirmités et reculer la mort. L'homme meurt
par les loix de la nature; l'homme meurt par les loix
civiles. Les loix naturelles qui font mourir l'homme
sont générales, impartiales et invariables : les loix civiles qui condamnent à mort, doivent réunir les mêmes
caractères ; elles doivent être l'application simple et
précise des conventions primordiales, uniformes et immuables des associés. Lorsque l'homme est arrivé à la
dernière heure fixée par la nature, les secours de l'art sont
impuissans ; lorsqu'il a violé les conventions fondamentales et sacrées de l'ordre civil, la faveur ou le pardon
seraient funestes : dans le premier cas, le médecin ne tue
pas, mais il laisse mourir le malade; dans le second,
le Gouvernement ne tue pas, mais il laisse périr le coupable. Si le malade meurt hors le cas déterminé par la
nature, si le coupable périt hors le cas déterminé par
les conventions primordiales, l'un et l'autre sont victimes de l'ignorance ou de la perversité : c'est dans ce sens
qu'on peut affirmer avec Sénèque : « que le nombre des
supplices fait autant de déshonneur à un Gouvernement, que celui des funérailles en fait à un médecin.

4°. Qu'il me soit permis de transcrire un passage de
Jean-Jacques, dans lequel il expose, avec précision,
les vrais principes sur la conservation des individus.
« Voulons-nous que les peuples soient vertueux ? com-
mençons donc par leur faire aimer la patrie; mais comment l'aimeront-ils, si la patrie n'est rien de plus pour
eux que pour des étrangers, et qu'elle ne leur accorde
que ce qu'elle ne peut refuser à personne ? Ce serait
bien pis s'ils n'y jouissaient pas même de leur sûreté
civile, et que leurs biens, leur vie ou leur liberté fussent

*Disc. sur
l'Econ. polit.*

N

à la discrétion des hommes puissans, sans qu'il leur fût possible ou permis d'oser réclamer les loix. Alors soumis aux devoirs de l'état civil, sans jouir même des droits de l'état de nature, et sans pouvoir employer leurs forces pour se défendre, ils seraient par conséquent dans la pire condition où se puissent trouver des hommes libres, et le mot de *patrie* ne pourrait avoir pour eux qu'un sens odieux ou ridicule. Il ne faut pas croire que l'on puisse offenser ou couper un bras, que la douleur ne s'en porte à la tête ; et il n'est pas plus croyable que la volonté générale consente qu'un membre de l'État, quel qu'il soit, en détruise un autre, qu'il ne l'est que les doigts d'un homme, usant de sa raison, aillent lui crever les yeux. La sûreté particulière est tellement liée avec la confédération publique, que sans les égards que l'on doit à la faiblesse humaine, telle convention serait dissoute par le droit, s'il périssait dans l'État un seul citoyen qu'on eût pu secourir ; si l'on en retenait à tort un seul en prison, et s'il se perdait un seul procès avec une injustice évidente ; car les conventions fondamentales étant enfreintes, on ne voit plus quel droit ni quel intérêt pourrait maintenir le peuple dans l'union sociale, à moins qu'il n'y fût retenu par la seule force qui fait la dissolution de l'État civil.

« En effet, l'engagement du corps de la nation n'est-il pas de pourvoir à la conservation du dernier de ses membres, avec autant de soin qu'à celle de tous les autres ? Et le salut d'un citoyen n'est-il moins la cause commune que celui de l'État ? Qu'on nous dise qu'il est bon qu'un seul périsse pour tous, j'admirerai cette sentence dans la bouche d'un digne et vertueux patriote qui se

consacre volontairement et par devoir à la mort pour
le salut de son pays : mais si l'on entend qu'il soit permis
au Gouvernement de sacrifier un innocent au salut de la
multitude, je tiens cette maxime pour une des plus
exécrables que jamais la tyrannie ait inventée, la plus
fausse qu'on puisse avancer, la plus dangereuse qu'on
puisse admettre, et la plus directement opposée aux
règles de la société. Loin qu'un seul doive périr pour tous,
tous ont engagé leurs biens et leurs vies à la défense
de chacun d'eux, afin que la faiblesse particulière fût
toujours protégée par la force publique, et chaque
membre par tout l'État. Après avoir, par supposition,
retranché du peuple un individu après l'autre, pressez
les partisans de cette maxime à mieux expliquer ce
qu'ils entendent par *le corps de l'État*, et vous verrez
qu'ils le réduiront à la fin à un petit nombre d'hommes
qui ne sont pas le peuple, mais les Officiers du peuple;
et qui, s'étant obligés par un serment particulier à
périr eux-mêmes pour son salut, prétendent prouver
par-là que c'est à lui de périr pour le leur.

Veut-on des exemples de la protection que l'État
doit accorder à ses membres, et du respect qu'il doit
à leurs personnes? Ce n'est que chez les plus illustres
et les plus courageuses nations de la terre qu'il faut
les chercher, et il n'y a que les peuples libres où l'on
sache ce que vaut un homme. A Sparte, on sait en quelle
perplexité se trouvait toute la république, lorsqu'il était
question de punir un citoyen coupable. En Macédoine,
la vie d'un homme étoit une affaire si importante, que
dans toute la grandeur d'Alexandre, ce puissant monarque n'eût osé, de sang-froid, faire mourir un Ma-

cédonien criminel, que l'accusé n'eût comparu pour se défendre devant ses concitoyens, et n'eût été condamné par eux. Mais les Romains se distinguèrent au-dessus de tous les peuples de la terre, par les égards du Gouvernement pour les particuliers, et par son attention scrupuleuse à respecter les droits inviolables de tous les membres de l'Etat. Il n'y avait rien de si sacré que la vie des simples citoyens; il ne fallait pas moins que l'assemblée de tout le peuple pour en condamner un: le Sénat même, ni les Consuls, dans toute leur majesté, n'en avaient pas le droit, et chez le plus puissant peuple du monde, le crime et la peine d'un citoyen étaient une désolation publique; aussi parut-il si dur d'en verser le sang pour quelque crime que ce pût être, que par la loi *Porcia*, la peine de mort fut commuée en celle de l'exil, pour tous ceux qui voudraient survivre à la perte d'une si douce patrie. Tout respirait à Rome et dans les armées cet amour des citoyens les uns pour les autres, et ce respect pour le nom Romain, qui élevait le courage et animait la vertu de quiconque avait l'honneur de le porter.

» Chefs ambitieux! un pâtre gouverne ses chiens et son troupeau, et n'est que le dernier des hommes. S'il est beau de commander, c'est quand ceux qui nous obéissent peuvent nous honorer. Respectez donc vos concitoyens, et vous vous rendrez respectables. Respectez la liberté, et votre puissance augmentera tous les jours: ne passez jamais vos droits, et bientôt ils seront sans bornes ».

5°. La liberté publique est indivisible; si un seul citoyen en est privé arbitrairement, tous les autres sont esclaves.

Dans la rigueur des principes, il faudrait mieux que tous les Gouvernemens du monde fussent brisés et dissouts, que de sacrifier injustement un seul innocent, par la raison déjà répétée plusieurs fois que les Gouvernemens sont établis pour protéger les individus ; et que les individus ne sont pas faits pour être immolés à la conservation du Gouvernement.

Mais pour que le Gouvernement veille soigneusement à la conservation des particuliers, il faut que ses membres n'éprouvent aucun intérêt individuel, aucun intérêt de corps qui les engage à tuer les citoyens. Rousseau dit, que l'honnête homme ne doit jamais se placer dans une situation telle que l'intérêt privé se trouve en opposition avec le devoir ; c'est pour se conformer à cette maxime, que lui - même, consentant à accepter une pension extinguible à la mort de son bienfaiteur, refusa d'être compris dans des dispositions testamentaires beaucoup plus favorables, de peur que la cupidité ne fît naître dans son cœur un desir criminel. L'application de cette règle est facile à faire ; car je crois qu'un être, soit individuel, soit collectif, qui tire profit de la mort des citoyens, pourrait bien succomber à la tentation de la desirer et de s'en réjouir. Je ne suppose pas qu'un Gouvernement puisse arriver à cet excès d'impudence et d'atrocité, qu'il ose se glorifier *de battre monnaie sur l'échaffaud ;* les voleurs aussi battent monnaie sur les grands chemins, et ceux qui demandent *la bourse* ou *la vie*, ne sauraient être plus coupables que ceux qui ôtent la vie pour avoir la bourse.

Si la loi assurait l'héritage des mourans au médecin qui les aurait traités dans leur dernière maladie, quel

Confess. t. 1.

Barrere.

est l'homme qui ne frémirait pas, en voyant entrer celui qui aurait autant d'intérêt que de facilité de le tuer.

6°. J'ajouterais en vain mille raisonnemens plus décisifs les uns que les autres ; j'en ai dit assez pour convaincre les simples citoyens de l'importance politique de leur vie et de leur liberté individuelle; pour ceux qui sont revêtus du pouvoir, s'ils manquent de bonne foi, s'ils persistent à en mesurer l'étendue sur celle de leur orgueil, c'est leur faire trop d'honneur que de discourir avec eux ; ils opposeront à tous les raisonnemens un seul mot, un mot épouvantable, contre lequel il faut employer une autre force que celle des démonstrations ; ce mot, c'est *la raison d'Etat*.

Vous qui gouvernez les nations ! dites-nous donc de qui vous tenez la propriété de cet abominable prétexte? Les hommes, en formant le pacte social, vous ont-ils dit : « Vous pourrez, pour des motifs secrets dont vous serez les seuls juges, prendre nos biens, notre vie, notre liberté? Prétendrez-vous que l'autorité qui vous est confiée, est éternelle, immuable et indépendante comme l'essence des choses. Croyez-vous, sur le témoignage des flatteurs qui vous font la cour avec le sang d'autrui, qu'enveloppés dans votre puissance, vous existiez avant les peuples ; que vous étiez comme les pierres d'attente du genre humain, assis sur les bords du néant, épiant l'instant où les hommes en sortiraient pour vous en emparer et les soumettre à votre pouvoir préexistant ? Dites-nous ce que vous penseriez d'une nation qui demeurerait docilement soumise à un roi antropophage qui, tous les jours, ferait servir sur sa table un de ses su-

jets? Vous vous écririez que cette nation est complete-
ment abrutie, et que son roi est souverainement féroce.
Eh bien, si on vous disait que c'est pour des *raisons d'Etat*
que le prince mange ses sujets, que c'est pour les mêmes
causes que la nation se soumet à cet appétit dénaturé
pour conserver un monarque prudent d'ailleurs, et si
avare d'hommes qu'il n'en fait d'autre consommation
inutile que pour le service de sa bouche; pour moi
j'avoue que je n'ai rien à répliquer, car il m'importe
fort peu que la *raison d'Etat* me fasse passer à la cui-
sine du prince ou à la guillotine des *sans-culottes*.

Deuxième objection. Quand le peuple a été corrompu par des institutions vicieuses, quand il est fortement attaché à ses préjugés et à ses habitudes perver-
ses; il ne suffit pas de lui montrer la vérité et la vertu,
il faut le contraindre de les honorer : quand le peuple
n'a pas le courage d'être libre, il faut employer la violence pour briser ses chaînes, et n'y eût-il qu'un seul
homme qui ne voulut pas être esclave, il a le droit de
résister à l'esclavage.

Si Moïse, après avoir délivré le Peuple Hébreux de
la plus ignominieuse servitude pour le conduire à l'in-
dépendance, eût écouté les soupirs, les murmures, les
regrets de sa nation; il n'aurait pas tardé à lui rendre
ses fers. Donc la liberté et la sagesse doivent s'établir
et se conserver par des moyens coactifs et intolérans.

Réponse. 1°. La comparaison tirée de l'histoire ju-
daïque me porte à croire que pour mieux imiter Moïse
les ministres de la terreur, les apôtres de l'intolérance
voudraient conduire le Peuple Français, pendant quarante ans, dans le désert et la solitude, afin que ceux

qui ont voulu de bonne foi opérer une réforme utile ; ne puissent en goûter les fruits.

2°. Nous avons démontré que les moyens de la violence ne peuvent guérir les maladies morales.

Un peuple qui n'a pas le courage d'acquérir la vraie liberté, n'a point assez de vertu pour la conserver. Le mot de liberté ne signifie rien s'il peut s'unir à celui de contrainte, d'intolérance.

L'homme plein du sentiment de sa dignité personnelle, l'homme vertueux est libre en tout pays : il y a peut-être plus d'hommes indépendans à Constantinople et à Pékin qu'il n'y en a à Paris. Socrate, avalant la ciguë, est libre, et tous les Athéniens qui lui survivent sont esclaves.

3°. Parmi les vices de l'homme, les plus funestes à son espèce sont l'ambition du pouvoir et l'intolérance de l'orgueil ; or ces vices se nourrissent de procédés tyranniques et violens.

4°. L'expérience, mieux que tous les raisonnemens philosophiques, nous a fait connaître les désastreux effets de l'intolérance ; nous avons vu la France opprimée au nom de la vertu et de la liberté, et réduite à un tel état de servitude et d'abrutissement qu'il n'existait plus d'hommes libres que parmi ceux à qui l'impossibilité d'éviter le dernier supplice, donnait de la résignation et de la fierté.

Troisième objection. Ceux qui pensent, ceux qui raisonnent, ceux qui pratiquent la sagesse et la vertu, forment par-tout le plus petit nombre ; donc ils ont droit d'employer la ruse et l'intrigue pour arriver à l'autorité, et quand ils y sont parvenus, ils doivent em-

ployer la force et la contrainte pour retenir la multitude dans la soumission aux bons principes.

Réponse. 1°. C'est éternellement la même objection
reproduite sous des termes différens ; c'est toujours l'a-
pologie de la loi du plus fort, car les mots *sagesse*,
vertu se laissent prononcer par toutes les bouches.

L'objection pourrait avoir quelque fondement, si la
nature imprimait un caractère visiblement distinctif
sur ceux à qui elle donne une supériorité de lumières
et de sagesse ; mais quand on sait que tous les partis se
livrent avec une égale opiniâtreté à des extravagances
qu'ils appellent *sagesse*, à des erreurs qu'ils appellent
vérité ; et que dans tous les temps l'expérience a appris
que les plus sages étaient les plus paisibles et les plus
humains, il est indispensable de convenir que la tranquillité publique, que le bonheur des individus exigent
que ceux - ci s'accoutument à la tolérance universelle,
comme elle a été expliquée plus haut.

2°. Dès qu'on s'écarte des principes que nous avons
établis, on se précipite dans des contradictions révol-
tantes : à l'époque où l'opinion publique n'était pas encore totalement opprimée ou pervertie ; dans le temps
où les chefs de faction avaient à lutter contre un reste
de principes de morale, d'ordre et de législation ; dans
ce temps, dis-je, le raisonnement que je combats étoit
celui de ce démagogue fameux dont le nom exécrable
est destiné à rappeller éternellement le souvenir de la
tyrannie la plus féroce, et de la servitude la plus ignominieuse. Eh bien, ce raisonnement proposé par un tyran populaire, accueilli par des complices et par des
imbéciles, justifie les excès, les persécutions de tous

despotes sont aussi la minorité dans le monde, et ils peuvent aisément se croire aussi sages que les ambitieux qui, sous d'autres titres, veulent usurper l'autorité souveraine; ils ont donc autant de raisons que ceux-ci d'employer la force, la perfidie et la violence pour retenir la multitude dans ce qu'ils appellent les voies de la sagesse.

3º. La sagesse appartient toujours au petit nombre; mais la multitude, lorsqu'elle n'est point égarée par l'intrigue, par le délire d'un faux enthousiasme, ou épouvantée par la violence, se range toujours du côté le plus sage : si la multitude n'invente pas, elle a un tact sûr pour juger les meilleures inventions; la multitude des Spartiates n'était pas composées de Lycurgues.

Vaut-il mieux que la multitude livrée à l'instinct de la nature se range lentement vers la sagesse, ou que tourmentée par la violence, elle obéisse toujours à la force?

Quatrième obj. La faculté de mouvoir mon bras, de lever une massue est bien naturelle; si pourtant je produis un mouvement qui tue un homme, je suis punissable : eh bien, si un homme avec son opinion en tue des milliers, est-il moins répréhensible? La loi doit également comprimer les mouvemens et les opinions homicides; donc, &c.

Réponse 1º. Il n'y a d'opinion homicide que celle qui est intolérante; il n'y a d'opinion coupable que celle qui, sous quelque prétexte, exige des sacrifices humains; que celle qui fait des bourreaux : on ne lie pas les mains aux hommes parce que quelquefois ils en abusent; ce n'est pas la liberté illimitée de la pensée qui tue, ce sont les restrictions, c'est l'intolérance.

Quand on pourra prouver qu'une opinion a tué un

homme avec la même efficacité et les mêmes conditions
qu'on suppose réunies dans le coup de massue, elle sera
punissable par les mêmes loix.

2°. Ceux qui se croient autorisés à proscrire des opinions qu'il appellent inhumaines, sanguinaires, funestes
à la morale et à la paix publique ; prétendent-ils désigner, par un caractère odieux, la tolérance universelle,
la clémence, la générosité, la philantropie générale ?
Est-il donc un infâme assassin celui qui, réglant ses
actions sur ses maximes, enseigne que les hommes doivent s'aimer tendrement, se supporter généreusement
malgré la différence d'opinions que produit entre eux
la différence d'organisation ? Quel siècle ! quel pays !
que celui où l'on ferait monter à l'échaffaud l'homme
probe et sensible, pour avoir dit à ses semblables qu'ils
ne doivent point se tuer pour des opinions.

Cinquième objection. Si la terreur est nécessaire
pour sauver la chose publique, faut-il laisser périr la
patrie par un scrupuleux attachement aux maximes de
la tolérance ?

Rép. première. La chose publique consiste essentiellement dans la liberté individuelle, dans la sureté des
personnes et des propriétés ; or la terreur ne produit
jamais ces avantages.

Si on entend par *la chose publique,* la forme du
gouvernement, je dis que s'il est fondé sur la justice,
la terreur est inutile ; que s'il est tyrannique, la violence qu'il emploie pour se conserver, ne fait qu'augmenter ses crimes ; c'est un appel à l'insurrection ;
car lorsque les administrés sont effrayés, ils ont le droit
de reporter la frayeur dans l'âme des gouverneurs.

Si l'on entend par *la chose publique*, la personne et les intérêts de quelques esprits turbulens et pervers, qui ont démoli la société, pour en précipiter les décombres dans les horreurs de l'anarchie; que ces vils coquins nous disent si c'est l'amour, l'estime, ou la reconnaissance, qui nous obligent à sacrifier nos biens, notre vie à la conservation de leurs jours odieux et à l'accomplissement de leurs systêmes malfaisans.

2º. Je suppose que la terre entr'ouverte, ait menacé par un oracle infaillible, d'engloutir un peuple entier, si, sous un bref délai, une victime innocente n'est pas précipitée dans ses gouffres; je prétends que nulle autorité, nulle puissance n'a le droit d'imposer malgré lui à un individu, l'obligation de ce dévouement; et si, dans cette supposition, il ne se présente quelque nouveau Curtius qui se sacrifie généreusement pour le salut de ses concitoyens, c'est un devoir pour la nation entière de périr, plutôt que de commettre un acte oppressif.

Si, dans un danger physique, imminent, et également inévitable pour tous, il n'est pas permis d'immoler un homme pour assurer le salut public, à combien plus forte raison, dans les dangers imaginaires, systématiques et particuliers, serait-il atroce, serait-il honteux pour un peuple, de laisser désigner arbitrairement les victimes par ceux mêmes qui ont créé le péril?

Sixième objection. Si on fait une révolution générale contre le despotisme royal, peut-on permettre à ceux qui étoient les ministres et les favoris d'un régime détesté, d'en faire l'apologie pour tromper le peuple? Peut-on permettre à ceux qui ont été froissés

par les mouvemens inévitables d'une grande régénération, d'exhaler leur mécontentement en regrets ré-
trogrades ?

Rép. 1°. Si la révolution est l'effet d'une haine justement conçue pour le tyran, et d'un sentiment énergique de dignité personnelle, réveillé tout-à-coup dans
toutes les âmes par l'excès de l'oppression ; si la révolution améliore la situation générale, en consolidant
les bases de l'association politique ; il ne peut y avoir
de danger à permettre de louer ou de regretter le régime proscrit ; car dans ce cas, la louange ne serait
pas contagieuse, et les regrets ne seraient guères unanimes. Je permets à qui l'ose, de faire l'éloge de Néron
ou de Robespierre.

Un gouvernement tyrannique diffère de celui qui ne
l'est pas, en ce que le premier ne souffre point qu'on
en loue ou qu'en en desire un autre ; au lieu que le
second, qui n'existe que par le vœu et pour le bonheur du plus grand nombre, permet hardiment à quelques têtes abruties par la tyrannie, de regretter l'esclavage.

2°. Si la révolution, se dénaturant dans son principe
et changeant sa direction, devient une révolution de
cabale, d'intérêt, d'ambition ; si, à la place de la volonté générale, on substitue les systêmes stériles d'une
fausse métaphysique ; si, à la place des besoins du
peuple, on substitue les combinaisons préparées par
quelques séditieux ; si enfin, au lieu d'une simple réforme que demande l'intérêt public, on opère un bouleversement général, que réprouvent la nature et la raison, je conviens que pour exécuter cette espèce de

révolution, l'intolérance et la persécution sont absolument nécessaires ; et c'est cette nécessité même qui sauve l'honneur, et qui fournit la mesure de la moralité nationale ; car un peuple qui souffrirait paisiblement et par un commun accord, l'établissement de l'injustice et la domination du crime, serait un peuple de démons.

Septième objection. Dans les agitations politiques, la prudence prescrit à chaque individu de se ranger du parti le plus exagéré et le plus intolérant ; car si ce parti triomphe, on jouit des avantages de la victoire, s'il succombe, il est vaincu par un ennemi généreux, qui excuse l'erreur, et qui souvent pardonne au crime. Donc, &c.

Rép. Ce raisonnement est celui de tous les lâches, de tous les hommes sans mœurs et sans principes, qui sont toujours disposés à marcher à la suite des novateurs les plus furieux et les plus impudens ; ce raisonnement exprime l'égoïsme le plus stupide et la perversité la plus complète, car il se réduit à celui-ci : dans un pays où il y a des voleurs et des assassins, il est plus prudent de se joindre à eux que d'être volé ou assassiné : il y a plus de sécurité à pratiquer le vice que la vertu ; car souvent l'innocence est opprimée par le crime, et jamais le crime par l'innocence.

Huitième obj. Si un écrivain, par des discours ingénieusement satyriques, versait l'opprobre sur le Gouvernement, sur les Autorités constituées, sur la Représentation nationale, faudrait-il laisser circuler librement des écrits infâmes, et accroître, par l'impunité, l'audace du calomniateur ?

Réponse. Je prie messieurs les *révolutionnaires* de vouloir bien résoudre l'objection qu'ils me proposent : c'est à eux que je demande s'ils établissent en principe général qu'il n'est pas permis aux particuliers d'écrire contre le Gouvernement sous lequel ils vivent ? Si ceux que j'interroge ont eux-mêmes, par toutes sortes de bassesses, d'intrigues, de perfidies et de mensonges, tout récemment avili et détruit les Gouvernemens qui les ont précédés, ils n'auront pas l'impudence d'établir une règle générale qui présenterait au lecteur le moins attentif, la condamnation de leur scandaleuse conduite. Mais ils répondront qu'il est louable d'attaquer tous les autres Gouvernemens par la diffamation ou par la violence ; que celui-là seul qu'ils ont créé doit être sacré et inviolable , parce que lui seul est juste, ver-tueux, bienfaisant , populaire ; parce que lui seul est sublime et parfait.

Or j'observe 1°. que nos raisonneurs s'établissent juges et parties dans leur propre cause , ce qui n'est pas de la plus scrupuleuse décence.

2°. Si leur Gouvernement réunit en effet tous les avantages qu'il plaît à ses auteurs de lui attribuer, il n'a rien à craindre des attaques impuissantes de la ma-lignité ; il ne dépend pas d'un écrivain d'avilir la bien-faisance ou d'honorer le parjure.

3°. Un Gouvernement, une Autorité quelconque ne peuvent être avilis ou honorés que pas leurs actions, leurs règlemens et leurs loix : ils ont en eux - mêmes le principe de l'honneur et de l'infâmie. L'objection proposée se réduit donc à l'hypothèse où, le Gouver-nement s'étant avili par ses inepties ou ses fureurs ; où, la législature s'étant dégradée par ses parjures, par l'injustice, la légéreté ou l'absurdité de ses loix, par l'horrible turpitude de ses membres ; où, dis-je, un écrivain indiscret révèle à la multitude l'état d'opprobre et de dépravation dans lequel sont tombés ses législateurs et ses magistrats : je dis que cette supposition est commune à tous les Gouvernemens oppressifs, et que tous les tyrans ont un égal droit d'employer l'intolérance et la persécution, lorsqu'il ne leur reste plus d'autre moyen de se maintenir : leur dernière raison est la force ; avec des gouverneurs qui veulent être vils et qui veulent que leur avilissement soit respecté, on ne raisonne plus, on se bat ou l'on se tait.

V I.

Je crois avoir victorieusement résolu les objections les moins insensées que les partisans de l'intolérance puissent opposer à nos principes : ceux-ci acquièrent un dernier dégré de force et d'évidence, lorsqu'on fait contraster leur douce et salutaire influence avec les excès épouvantables et les maux horribles dans lesquels se précipitent les peuples ennemis de la sagesse.

J'ai vu un peuple immense qui se croyait délivré du fanatisme, parce qu'il persécutait avec fureur tous les usages et tous les sentimens religieux ; je l'ai vu tourmenté plus violemment par son esprit d'impiété, qu'il n'aurait pu l'être par l'esprit dogmatique et par le faux zèle des anciens sectaires ; j'ai vu un peuple qui se croyait libre, parce qu'il méprisait toute espèce de magistrature, et qu'il ne souffrait aucune supériorité civile ; je l'ai vu agité plus impétueusement et déchiré

plus

plus douloureusement par son esprit d'insubordination, qu'il n'aurait jamais pu l'être par le tyran le plus féroce et le plus puissant : je l'ai vu semblable à un malade qui, tombé dans le délire, s'ouvre les veines, et perd dans sa fureur son sang avec ses forces ; j'ai vu un peuple gouverné par lui-même et s'exterminant par ses propres ordres, imiter un furieux qui coupe sa chair en morceaux pour se nourrir, et qui tue son corps pour remplir son estomac. J'ai vu un peuple qui, après avoir assemblé en un cloaque infecte, les vices les plus infâmes, se couvrait de boue pour les adorer. Je l'ai vu portant avec empressement la livrée, et prononçant avec respect le nom de la plus abominable association que le génie du mal ait jamais pu concevoir : cette horrible corporation, destinée à reculer les bornes de l'ineptie et à fixer le terme de la scélératesse humaine, plus puissante en calamités que ne le fut autrefois le ministre des vengeances célestes, le Législateur des Hébreux, avait trouvé l'infernal secret de réunir en un seul fléau, tous ceux qui affligèrent successivement les Égyptiens ; la pluie de crapaux, d'infectes dévorans, les ténèbres palpables, les spectres effrayans, le massacre des enfans mâles, la famine, la peste, le changement des eaux en sang, &c....... Mes yeux obscurcis de larmes, mon ame ulcérée par les souvenirs les plus amers, ne me permettent pas d'achever le tableau hideux de la situation du peuple français sous la domination des Jacobins ; j'abandonne ce soin à quelque génie supérieur que la nature a destiné, sans doute, pour instruire nos neveux, en leur traçant avec une fidèle et touchante énergie, l'histoire de nos crimes et de nos malheurs.

Après avoir discuté les principes fondamentaux de l'association politique en général, il convient d'examiner quelle est la forme particulière d'association, quel est le gouvernement le plus conforme à ces principes ? Cette question est l'objet d'une autre Dissertation que je produirai quand je serai bien certain qu'on ne tue plus pour des opinions ; mais en attendant que je m'y décide, je termine celle-ci par une assertion qui fait le commencement de l'autre : c'est *qu'il est impossible d'établir un bon Gouvernement dans un pays où il n'est pas permis de les discuter et de les comparer tous.*

FIN.

TABLE
ANALYTIQUE
DES MATIÈRES.

O 2

rement reconnu que les besoins de la nature étant
également impérieux et indestructibles dans tous
les individus, tous ont un droit également sacré
et imprescriptible de les satisfaire.

Guidés par le desir de la prospérité publique et de
la sécurité individuelle, ils n'ont pu s'abstenir de
reconnaître qu'au-delà des besoins naturels de
tous, le travail et l'industrie de chacun, serait
un titre particulier d'acquisition et de possession
religieusement respecté par la communauté.   13

§. I I I.

Principes du droit social sur la Propriété.

Premier Principe. Dans toute espèce d'association, chaque individu a le droit inviolable de
de subsister par son travail ou son talent.

Démonstration,   14

Deuxième Principe. Dans toute association politique,
après avoir prélevé, sur les moyens communs, ce
qui est nécessaire aux besoins naturels de chaque
individu, le superflu appartient et doit être assuré
à celui qui s'en empare par son travail, son industrie, ou par tout autre moyen qui ne contrarie ni le droit naturel, ni la possession antérieure
d'un autre.

Démonstration, &c.   16, 17

Vérités importantes qui découlent de ce principe ;
Droit d'établir des impôts ; Règles générales de
la répartition.   19

Résultats Pratiques.

Premier résultat. L'exécution des principes établis ci-dessus, introduit une sorte d'inégalité parmi les hommes qui s'associent.

Démonstration. 23

Deuxième résultat. De quelque manière qu'on s'y prenne, la pratique des principes fera toujours que la multitude sera pauvre et le petit nombre riche.

Démonstration. 26

§. I V.

Les principes et leurs résultats nécessaires, produisent des conséquences extrémement importantes....La création de la propriété, la formation de l'ordre civil sont inévitables. &c. 29

L'association civile a été établie sur deux règles fondamentales. Première règle : Il est juste que tous subsistent. Deuxième règle : Il est publiquement utile qu'il y ait dans la société des possessions au-delà du nécessaire. 30

Inconvéniens inséparables de la propriété. 32

Dans aucune espèce de société, le grand nombre n'a le droit de demander l'abolition ou une nouvelle répartition de la propriété.

Démonstration. 33

Droit de la majorité dans l'état Social.

Premier principe. Le grand nombre ne peut exercer quelque droit sur le petit, qu'en vertu d'une convention réciproque.

Démonstration. 34

§. V.

Est-il utile, et par quels procédés pourroit-on parvenir à donner aux membres individuels d'une nation une similitude morale, une communauté de

I I. Moyens physiques.

l'on professe l'opinion A, on a le droit de tuer ceux
qui professent l'opinion B, réciproquement dans le
pays où l'opinion B est générale, on aura le droit
d'immoler ceux qui sont attachés à l'opinion A.

Deuxième axiôme. *Si une opinion quelconque conférait le droit de mort, il n'y aurait parmi les hommes ni bien ni mal moral.*

Troisième axiôme. *Tout Gouvernement qui proscrit
et persécute une opinion, est tyrannique.*

Quatrième axiôme. *Un Gouvernement qui maintient
la liberté illimitée des opinions, quelque soit son
mécanisme et sa forme extérieure, est un Gouvernement républicain et populaire.*

Cinquième axiôme. *Les notions erronées, obscures,
mystérieuses, rendent l'homme intollérant et persécuteur.*

*Les notions précises, claires et vraies, le rendent to-
lérant et pacifique.*

Objections diverses qu'on allègue pour justifier les
mesures d'intolerance et de persécution..... Combien
elles sont frivoles et absurdes.   181

Axiômes de l'intolérance.

1°. Il ne peut y avoir de paix entre la vérité et l'erreur.

2°. Il faut que l'arbre de la liberté et les semences de
la sagesse soient arrosés du sang de leurs ennemis.

FIN DE LA TABLE.

De l'Imprimerie de la citoyenne DESBOIS, rue Saint-Jacques, n°. 278 et 279.